जीवन संगीत

ओशो द्वारा 'गोरख-वाणी' पर 'मरौ हे जोगी मरौ' प्रवचनमाला में दिए गए कुल 20 प्रवचनों में से चार प्रवचनों (प्रवचन 13 से 16) का संकलन

जीवन संगीत

मैं तुम्हें उदासी सिखाने को नहीं हूं। मैं तुम्हें संगीत देना चाहता हूं। लेकिन मैं जानता हूं तुम्हारी अड़चन। तुम्हें उदास चित्त लोगों ने बहुत प्रभावित किया है। सदियों से धर्म के नाम पर तुम्हें जीवन का निषेध सिखाया गया है, जीवन का विरोध सिखाया गया है। सब पाप है। प्रेम पाप है, संबंध पाप है। मैत्री पाप है। नाता-रिश्ता पाप है। सब पाप है। तुम पाप से घिर गए हो। नहीं कि सब पाप है, लेकिन तुम्हारी धारणाओं में सब पाप हो गया है। जो छुओ वही गलत है। जो करो वही गलत है। तुम नकार से घिर गए। तुम्हारी फांसी लग गई है नकार में।

मैं तुम्हें नकार से मुक्त करना चाहता हूं। मैं कहता हूं : यह क्षणभंगुर भी उस शाश्वत की ही लीला है। यह उसका ही रास है। वही नाच रहा है इसके मध्य में। तुम्हें दिखायी पड़े न दिखायी पड़े, मगर नाच में तो सम्मिलित हो जाओ। नाच में सम्मिलित होते-होते ही वह आंख भी खुलेगी जिससे तुम्हें वह दिखायी पड़ने लगेगा।

ओशो

जीवन संगीत

(गोरख-वाणी)

'मरौ हे जोगी मरौ' से संकलित

ओशो

डायमंड बुक्स

संकलन : मा अमृत प्रिया / स्वामी अरुण सत्यार्थी
संपादन : स्वामी चैतन्य कीर्ति / स्वामी आनंद सत्यार्थी
संयोजन : स्वामी अमानो मनीष
टाइपिंग : मा कृष्ण लीला/ मा देव साम्या / स्वामी आनंद प्रभु
फोटोटाइपसैटिंग : ताओ पब्लिशिंग प्रा. लि., 50 कोरेगांव पार्क, पूना-1

प्रकाशक : डायमंड पॉकेट बुक्स (प्रा.) लि.
X-30, ओखला इंडस्ट्रियल एरिया, फेज-II
नई दिल्ली-110020
फोन : **011-40712200**
ई-मेल : sales@diamondpublication.com
वेबसाइट : www.diamondpublication.com
संस्करण : **2024**

These discourses are complied from originally published title 'Maro He Jogi Maro' (in Hindi) under the author name 'Bhagwan Shree Rajneesh.'

अनुक्रम

भगवान श्री रजनीश

अब केवल 'ओशो' नाम से जाने जाते हैं।

ओशो के अनुसार उनका नाम

विलियम जेम्स के शब्द 'ओशनिक' से लिया गयां है,

जिसका अभिप्राय है सागर में विलीन हो जाना।

'ओशनिक' से अनुभूति की व्याख्या तो होती है,

लेकिन वे कहते हैं कि अनुभोक्ता के संबंध में क्या?

उसके लिए हम 'ओशो' शब्द का प्रयोग करते हैं।

बाद में उन्हें पता चला कि ऐतिहासिक रूप से

सुदूर पूर्व में भी 'ओशो' शब्द प्रयुक्त होता रहा है,

जिसका अभिप्राय है: भगवत्ता को उपलब्ध व्यक्ति,

जिस पर आकाश फूलों की वर्षा करता है।

पहला प्रवचन

मारिलै रे मन द्रोही

(मरौ हे जोगी मरौ — तेरहवां प्रवचन)

8 जीवन संगीत

अवधू मांस भषंत दया धरम का नास। मद पीवंत तहां प्राण निरास।
भांगि भषंत ज्ञानं ध्यानं षोवंत। जम दरवारी ते प्राणी रोवंत।।
जीव क्या हतिये रे प्यंडधारी। मारिलै पंचभू मृगला।
चरै थारी बुधि बाड़ी। जोग का मूल है दया-दाण।।
कथंत गोरख मुकति लै मानवा, मारिलै रे मन द्रोही।
जाके बप वरण मांस नहीं लोही।।
पावड़ियां पग फिलसै अवधू, लोहै छीजंत काया।
नागा मूनी दूधाधारी, एता जोग न पाया।।
हिरदा का भाव हाथ में जाणिये, यह कलि आई षोटी।
बदंत गोरख सुणौ रे अवधू, करवै होइ सु निकसै टोटी।।
कोई बादी कोई विवादी, जोगी कौं बाद न करनां।
अठसठि तीरथि समंदि समावै, यूं जोगी को गुरुमुषि जरनां।।
अवधू मन चंगा तौ कठौती ही गंगा। बांध्या मेला तो जगत्र चेला।
बदंत गोरख सति सरूप। तत विचारै ते रेख न रूप।।
यहु मन सकती यहु मन सीव। यहु मन पांच तत्त का जीव।
यहु मन ले जे उनमन रहै। तौ तीनि लोक की बातां कहै।।
दाबि न मारिबा खाली न राषिबा, जानिबा अगनि का भेवं।
बूढ़ी ही थै गुरबाणी होइगी, सति सति भाषंति श्री गोरख देवं।।
राति गई अधराति गई, बालक एक पुकारै।
है कोई नगर मैं सूरा, बालक का दुख निबारै।।
देवल जात्रा सुंनि जात्रा, तीरथ जात्रा पाणीं।
अतीत जात्रा सुफल जात्रा, बोलै अमृत वाणी।।

मारिलै रे मन द्रोही 9

थका सूरज, प्रतीची की सजीली गोद में सोया,
किसी से नीड़ में बिछुड़ा हुआ पंछी मिला, खोया;
मगर मैं हूं कि सूनी राह पर चुपचाप चलता हूं,
थके पग, पर परिश्रम के प्रहर का अंत कब आया?
दिवस का अंत आया, पर डगर का अंत कब आया?

लिये प्रतिबिंब कूलों का, अंधेरे में नदी सोई,
भ्रमर के प्यार की तड़पन कमल के अंक में खोई!
थकी लहरें हुईं खामोश गिर करके किनारों पर,
दृगों में, किंतु, आंसू की लहर का अंत कब आया?
दिवस का अंत आया, पर डगर का अंत कब आया?

पवन ने पी लिया आसव कुमुद की स्निग्ध पांखों का।
किसी ने भी न पोंछा नीर मेरी क्षुब्ध आंखों का
तिमिर का विष गई पी रात चांदी के कटोरे से
मगर मेरी निराशा के जहर का अंत कब आया?
दिवस का अंत आया, पर डगर का अंत कब आया?

डगर का अंत भी आता है; लेकिन जब तक मन है, तब तक नहीं आता। मन ही डगर है। और सब राहें तो बस नाममात्र की राहें हैं, असली राह तो मन की राह है। दिन आयेंगे और जायेंगे। जन्म होंगे और मृत्युएं होंगी। लेकिन मन अगर शेष रहा, तो दिवस

का अंत तो आता रहेगा बार-बार, लेकिन डगर का अंत न आयेगा।

डगर बाहर नहीं है। डगर है भीतर। डगर है वही जिस पर विचार चलते हैं, वासनाएं चलती हैं, कल्पनाएं-कामनाएं चलती हैं, स्मृतियां चलती हैं, भविष्य के स्वप्न चलते हैं। डगर है वही, पहचान लेना ठीक से। बाहर के रास्तों पर असली डगर नहीं है। बाहर के रास्तों पर भी लोग चल रहे हैं, क्योंकि भीतर की डगर ने उन्हें बाहर के रास्तों पर चलाया है।

चीन की एक बड़ी प्रसिद्ध कथा है। एक फकीर को सम्राट ने आमंत्रित किया था अपने महल पर। वे दोनों छत पर खड़े होकर सांझ डूबते सूरज को देखते थे। सामने ही सागर है। उत्ताल उसकी तरंगें हैं। सागर में डूबता हुआ सूरज का अग्नि का गोला है। और सैकड़ों जहाज आ रहे, जा रहे हैं। सम्राट ने कहा फकीर को: देखते हैं, कितने जहाज आते हैं, कितने जहाज जाते हैं! वह फकीर बोला कि नहीं, कितने नहीं देखता, बस दो ही देखता हूं। दो ही जहाज हैं।

सम्राट ने कहा: आप होश में हैं? मुझे गिनती नहीं आती? सैकड़ों जहाज हैं; गिने भी न जा सकें, इतने जहाज हैं।

लेकिन फकीर फिर भी बोला कि नहीं, दो ही जहाज हैं। एक धन की यात्रा पर निकला है, एक पद की यात्रा पर निकला है। बाकी सब बहाने हैं। बाकी फिर उन्हीं के रूपांतरण हैं; उन्हीं के रूप हैं; उन्हीं की आकृतियां हैं। जहाज तो दो हैं: एक धन की यात्रा, एक पद की यात्रा। लेकिन अगर इन दोनों को भी ठीक से समझो, तो ये दोनों जहाज भी एक ही लकड़ी से बने हैं; वह लकड़ी है अहंकार की लकड़ी। और अगर बहुत खोज करो, तो ये जहाज बाहर नहीं चलते, ये भीतर तुम्हारे मन के सागर में चलते हैं। मन की डगर है। मन ही डगर है। और जब तक मन चल रहा है, तब तक थको, गिरो; फिर-फिर उठोगे, फिर-फिर चलोगे—मन चलाता ही रहेगा।

दिवस का अंत आया, पर डगर का अंत कब आया!

साधारणतः नहीं आता। कभी-कभी आता है। किसी बुद्ध को, कबीर को, गोरख को, नानक को...कभी-कभी आता है। आ सबका सकता है। पर इतना हम होश ही नहीं सम्हालते। हमें यह पता ही नहीं कि हमारी असली यात्रा बाहर नहीं हो रही है, भीतर हो रही है। और जिन यात्रियों से हम बाहर मिल रहे हैं, वे असली यात्री नहीं हैं; जिनसे हम मन की डगर पर मिलते हैं, वे ही असली यात्री हैं। वहां तुम किस-किससे मिलते हो? मिलते हो अतीत की स्मृतियों से, भविष्य की कल्पनाओं से, न मालूम कितनी वासनाओं से, न मालूम कितने विचारों से!

भीड़ वहां इकट्ठी है। राह चलती ही रहती है। जागो तो चलती है, सोओ तो चलती है। राह चलती ही रहती है। जन्मते हो तो चलती है। मरते हो तो चलती रहती है। मरते-मरते भी मन की राह बंद नहीं होती। देह छूट जाती है, मन नयी देह पर सवार हो जाता है। एक वाहन टूट गया, मन नये वाहन निर्मित कर लेता है; मगर यात्रा जारी रहती है। इस यात्रा का नाम ही संसार है।

संसार से तुम अर्थ मत समझना, वह जो बाहर फैला हुआ है। वैसा अर्थ समझा तो

भूल हो जायेगी। फिर तो संसार को छोड़ न सकोगे कभी। जहां भी जाओगे, वहीं बाहर कुछ होगा। पहाड़ पर भी होगा, वन-कंदराओं में भी होगा। संसार से अर्थ है, वह जो भीतर चलता है। उसे तोड़ा जा सकता है। उसे रोका जा सकता है। और मन गिर जाये तो संसार गिर जाता है। और मन गिर जाये तो फिर और जन्म नहीं है। मन गिर जाये तो फिर कोई मृत्यु नहीं है। फिर अमृत से मिलन है।

सूत्र—

अवधू मांस भषंत दया धरम का नास। मद पीवंत तहां प्राण निरास।
भांगि भषंत ग्यानं ध्यानं षोवंत। जम दरवारी ते प्राणी रोवंत।।

एक दिन मृत्यु के द्वार पर रोओगे, बुरी तरह रोओगे, जार-जार रोओगे! लेकिन तब बहुत देर हो चुकी होगी। इसके पहले कि मृत्यु के द्वार पर रोना पड़े, सम्हल जाओ। सम्हलने के सूत्र ये रहे। पहला सूत्रः करुणा।

जीवन में इतना उपद्रव क्यों है, इतनी हिंसा क्यों है, इतना वैमनस्य क्यों है, इतना विद्वेष क्यों है? करुणा खो गयी है। और ऐसा नहीं है कि करुणा दूसरे के हित में है। करुणा तुम्हारा हित है, स्व-हित है।

एक बुनियादी सूत्र समझ लेनाः जो तुम दूसरे के साथ करते हो, वही तुम पाओगे। जो बोओगे, वही काटोगे। अगर चाहते हो कि अमृत को काटो, तो मौत को मत बोओ। अगर चाहते हो शाश्वत जीवन मिले, तो फिर जीवन का विनाश न करो। अगर चाहते हो कि प्रेम तुम पर बरसे, तो घृणा के कांटे दूसरों के रास्तों पर मत डालो। जो गड्ढे तुमने दूसरों के लिए खोदे हैं, वे अपने लिए ही खोदे हैं। सब तुम्हीं पर वापिस लौट आता है।

यह जगत तो ऐसा है जैसे कोई पहाड़ों में जा कर, घाटियों में जोर से आवाज लगाये, और सारी घाटियों से आवाज लौट कर उसी पर बरस जाये। यह जगत एक प्रतिध्वनि है।

करुणा का अर्थ होता हैः दो प्रेम, ताकि पा सको प्रेम। और प्रेम पाने की सभी की आकांक्षा है। ऐसा कौन है जो प्रेम नहीं पाना चाहता? पाना तो सभी प्रेम चाहते हैं, लेकिन कीमत कोई भी चुकाना नहीं चाहता। इसलिए छीना-झपटी बहुत, मिलता कुछ भी नहीं। प्रेम दो और प्रेम मिलता है, और हजार गुना होकर मिलता है।

अवधू मांस भषंत दया धरम का नास।

यह तो असंभव है, थोड़े-से समझदार, बोधपूर्ण व्यक्ति को, जो जीवन को समझने की चेष्टा में संलग्न है, कि अपने स्वाद के लिए लोगों की, पशुओं की हत्या कर सके। आदमियों को खानेवाले कबीले हुए हैं। अभी भी कुछ लोग हैं, अमेजान के कछार में, जो आदमियों को खा जाते हैं। उनकी संख्या खुद ही कम होती जाती है, क्योंकि कबीला अपने को ही खाता जाता है। मनुष्य को खानेवाले लोग जमीन पर थे। वे हमारे ही पूर्वज थे। फिर किसी तरह समझाया-बुझाया; पशुओं को खाने लगे। और समझाया-बुझाया। बामुश्किल आदमी को आदमी बनाने की चेष्टा की जा सकी है, फिर भी आदमी अभी पूरा आदमी नहीं बन पाया।

हिंसा जब भी तुम कर रहे हो, फिर किसी भी कारण से कर रहे हो, तुम इस हिंसा

के माध्यम से कभी भी आनंद को उपलब्ध न कर सकोगे। दुख दोगे, दुख पाओगे। वैर बोओगे, वैर काटोगे।

महावीर ने कहा है: वैरं मज्झि न केव। जिसने शत्रुता बांधी, उसने शत्रुता के अतिरिक्त और कभी कुछ न पाया। तो महावीर कहते हैं: मैं किसी से वैर नहीं करता। बुद्ध ने कहा है: शत्रुता से शत्रुता नहीं मिटती। हिंसा से हिंसा नहीं मिटती। हिंसा से हिंसा और बढ़ती है।

जीवन जहां तक बन सके, हिंसा से विमुक्त करो। और किन छोटी-छोटी बातों पर हिंसा में लगे हो? स्वाद है, स्वाद जैसी छोटी बात के लिए जीवन के परम धन को खो रहे हो? स्वाद क्षणभंगुर है। परिणाम बहुत लंबे होंगे। जन्मों-जन्मों तक कष्ट भोगना पड़ सकता है। कष्ट दिया है, कष्ट भोगना ही पड़ेगा। और ऐसा मत सोचना कि यह बात सिर्फ मांसाहार के लिए की जा रही है, किसी भी तरह की हिंसा, किसी भी तरह का दुख। और ऐसा ही नहीं है कि दूसरों को मत देना, अपने को भी मत देना। दुख देना ही मत। क्योंकि तुम किसी को भी दुख दो, तुमने परमात्मा को ही दुख दिया। तुम एक वृक्ष को दुख दो, तो भी तुमने 'उसी' को दुख दिया। क्योंकि 'वही' था हरा वृक्ष में। और तुमने एक पक्षी मार डाला, तुमने 'उसी' को मारा। क्योंकि वही उड़ता था पक्षी में। और तुमने अपने को दुख दिया तो भी तुम ने 'उसी' को दुख दिया, क्योंकि 'वही' तुम्हारे भीतर भी विराजमान था। उस एक का ही विस्तार है। उस एक के ही सागर की हम सब अनंत तरंगें हैं। वह जो तरंग दूसरी मालूम पड़ रही है, वह भी दूसरी नहीं है; जुड़ी है हम से। हम सब संयुक्त हैं; हम सब एक अस्तित्व हैं—इस घोषणा का नाम अहिंसा है।

अवधू मांस भषंत दया धरम का नास! मद पीवंत तहां प्राण निरास।

और ऐसे भी लोग हैं जो जीवन के इस अमूल्य अवसर को बेहोशी में गंवा रहे हैं। और साधारण बेहोशी भी उन को काफी नहीं मालूम पड़ती; उन्हें शराब चाहिए। ऐसे ही बेहोश हैं, लेकिन इस बेहोशी को और घना करने की कोशिश में लगे हैं। होश जगाओ, कौन तुम्हारे भीतर बैठा है! होश में ही उससे पहचान होगी। ध्यान की तरफ चलो। थोड़ी जागृति की बेला आये। प्रभात हो। जागे तुम्हारे भीतर का सूरज। तुम रोशनी से भरो। उल्टे तुम बेहोशी की तरफ जा रहे हो।

लेकिन लोगों ने तरह-तरह की शराबें खोज ली हैं। शराब से इतना ही मत समझना कि जो शराबखाने में बिकती है। और भी सूक्ष्म शराबें हैं। वह तो सब से सस्ती शराब है जो शराबखाने में बिकती है; और मंहगी शराबें हैं—धन का मद है, पद का मद है।

देखते हो, एक आदमी पद पर पहुंच जाता है, तो उसकी चाल ही बदल जाती है, उसकी अकड़ ही बदल जाती है! उसके पैर जमीन पर नहीं पड़ते। शराबी तो लड़खड़ाता है, मगर तुमने पद के मद से भरे लोगों को देखा, कोई शराबी इतना नहीं लड़खड़ाता। पद में पहुंचते ही सारी बात बदल जाती है। धन पाते ही सारी बात बदल जाती है। ये सब नशे हैं। ज्ञान का भी नशा है, थोड़ा-सा ज्ञान हो जाये तो सिर भारी हो उठता है, फूल जाता है। त्याग का भी नशा है, थोड़ा-सा त्याग हो जाये तो उसकी भी अकड़ आ जाती है।

नशे का सार समझ लो। नशे का सार है: जहां भी अहंकार अकड़ जाये वहीं नशा। और जहां भी तुम होश खोकर काम करने लगो वहीं नशा। जहां तुम्हारे जीवन में मूर्च्छा और तंद्रा सघन होने लगे वहीं नशा।

एक तो ऐसे लोग हैं जो जागे भी जागे नहीं हैं। और इसी पृथ्वी पर ऐसे भी लोग हुए हैं जो सोये थे तो भी जागे थे। ये दो छोर हैं। चुन लो, जो तुम्हें चुनना हो। जो नींद को चुनेगा वह मौत के दरवाजे पर बहुत बुरी तरह तड़फेगा और रोयेगा, लेकिन तब कुछ किया नहीं जा सकता। अवसर बीत गया।

रवींद्रनाथ की एक कथा है: एक भिक्षु सुबह-सुबह घर से निकला। और जैसे भिखारी अपनी झोली में थोड़े से दाने डाल लेते हैं घर से निकलते समय, उसने भी चावल के थोड़े दाने डाल लिये थे। क्योंकि झोली खाली हो तो कोई देता नहीं। झोली भरी हो तो लोगों को थोड़ा लाज-संकोच आता है। तुम्हारे द्वार पर भिक्षु दस्तक देता है और तुम देखते हो उसके पात्र में, उसकी झोली में कुछ है, तो तुम्हें ऐसा लगता है कि पड़ोसी ने दिया है, अब मैं न दूं तो जरा अहंकार को चोट लगती है। तुम दया के कारण तो भिक्षु को देते नहीं, अहंकार के कारण देते हो। तो सभी भिखारी अपने पात्र में थोड़े-से दाने, थोड़े पैसे, घर से डालकर चलते हैं। पैसा पैसे को खींचता है, दाना दाने को खींचता है।

उस भिखारी ने भी अपनी झोली में डाल लिये हैं कुछ चावल के दाने और चला, लेकिन चौंक गया। राह पर आया नहीं था कि राजा का रथ आकर रुका। उसके आनंद का तो पारावार न रहा। बहुत बार राजद्वार तक गया था, लेकिन पहरेदार भीतर ही न जाने देते थे। राजा के सामने झोली फैलाने का अवसर ही न मिला था। आज मिल गया अवसर। उसके आनंद का तो पारावार नहीं। वह तो भूल ही गया, ठगा ही खड़ा रह गया। तभी उतरा राजा और राजा ने अपनी झोली उस भिखारी के सामने कर दी। और भिखारी तो बहुत घबड़ा गया। देने की तो उसे आदत ही न थी, दिया तो उसने कभी था ही नहीं, मांगा ही मांगा था। और सम्राट ने कहा कि सुन भाई, माना कि तू भिखारी है और तुझसे मैं मांगू, यह योग्य भी नहीं, लेकिन ज्योतिषियों ने कहा है कि राज्य पर बड़ा संकट है। संकट टल सकता है, अगर मैं आज निकलूं सुबह-सुबह सूरज के उगने के समय, जो भी व्यक्ति पहली बार रास्ते पर मुझे मिल जाये उसी से भीख मांग लूं, तो राज्य का संकट टल सकता है। ना मत कर देना। चार दाने भी देगा तो चलेगा। नाममात्र को कुछ भी दे दे। यह भी कैसी अड़चन हो गई कि मैं एक भिखमंगे के सामने पड़ गया हूं!

अब भिखमंगा खड़ा है हतप्रभ। सोचा था कि राजा से मांग लूंगा, सोने से भर जायेगी झोली, यह तो उल्टा हो गया, और पास के दाने भी चले। मुट्ठी भरता है और नहीं निकाल पाता झोली से। आदतें पुरानी हैं; लिया ही है, दिया तो कभी नहीं। बामुश्किल, बड़ी हिम्मत करके, एक दाना, सिर्फ एक दाना चावल का राजा की झोली में डाल दिया। पर औपचारिकता पूरी हो गई, राजा तो बैठा रथ पर, स्वर्ण-रथ जा भी चुका, धूल उड़ती राह पर रह गई और भिखारी के मन में पश्चात्ताप रह गया। कुछ मिलता, वह तो मिला नहीं; पास था कुछ, वह भी गया। गांठ का भी कुछ गया!

14 जीवन संगीत

उस दिन उसे बहुत दान मिला, इतना कभी न मिला था। देनेवाले को मिलता है। यह जगत चारों तरफ से बांटता है, अगर हम देने को तैयार हों। ज्यादा दिया नहीं था उसने, मगर जितना दिया था वह भी भिखारी के मन से बहुत था। साम्राज्य ही दे दिया था भिखारी ने। बहुत मिला, झोली भर गई, मगर चित्त में पश्चात्ताप था उस एक दाने का जो कम था। कहीं राजा न मिला होता तो एक दाना और ज्यादा होता।

हम ऐसे ही हैं: जो मिल जाता है उसके लिये धन्यवाद नहीं देते, जो नहीं मिलता उसके लिये शिकायत जरूर करते रहते हैं। तुम्हें कितना मिला है, तुमने कभी मंदिर में जाकर परमात्मा को धन्यवाद दिया है? नहीं, लेकिन जो नहीं मिला है, उसकी शिकायत तो हर घड़ी तुम्हारी श्वास-श्वास में भरी है। कहो या न कहो, तुम्हारे प्राण शिकायतों से भरे हैं। वह आदमी भी थका-मांदा लौटा और आकर झोली पटक दी। पत्नी ने कहा: उदास दिखते हो! इतनी झोली तो कभी न भरी थी। उसने कहा कि क्या खाक भरी, आज जैसा दुर्दिन कभी नहीं आया! सुबह ही सुबह, बोहनी ही बिगड़ गई। कभी मैंने दिया न था, आज देना पड़ा। खुद सम्राट मांगने खड़ा था। आज इस झोली में एक दाना कम है। आज चित्त मेरा पश्चात्ताप से भरा है।

पत्नी ने झोली उंडेली, दोनों चौंक कर खड़े रह गये! चावल के दाने गिरे ढेर, उसमें एक दाना सोने का था। एक ही दाना उसने दिया था, वही सोने का हो गया था। यह कथा प्यारी है। जो हम देते हैं वही सोने का हो जाता है, जो हम बचा लेते हैं वही मिट्टी हो जाता है। जीवन में जितना जो देता है उतना ही उसका जीवन स्वर्णिम हो जाता है। मगर अब तो बहुत देर हो गई थी। अब तो बहुत पछताने लगा, छाती पीट-पीट कर भिखारी पछताने लगा कि काश मैंने पूरी मुट्ठी भर कर दे दी होती, तो सब दाने सोने के हो गये होते! मैं भी कैसा अभागा हूं!

लेकिन अब तो अवसर बीत चुका था। यह जो कथा रवींद्रनाथ ने एक कविता में लिखी है, उसका शीर्षक है: अवसर बीत गया!

जीवन के बीतने पर बहुतों के जीवन का शीर्षक यही होता है: अवसर बीत गया!

मत ऐसा करना। तुम्हारी झोली सोने से भर सकती है; मगर दोगे तो भरेगी, बांटोगे तो भरेगी। जोड़ोगे तो मिट्टी ही हाथ रह जायेगी। और जो भी अहंकार से भरे हैं, वे जोड़ते हैं—धन जोड़ते, पद जोड़ते, प्रतिष्ठा जोड़ते, ज्ञान, त्याग, जो भी मिल जाये हर चीज को संपदा बना लेते हैं; हर चीज के ऊपर अकड़ कर, फन मारकर बैठ जाते हैं।

और फिर बहुत तरह के मद हैं—धन का मद है, पद का मद है, ज्ञान-मद है, त्याग-मद भी है। देखते हो त्यागी को अकड़ा हुआ! जहां अकड़ है वहां नशा है। जहां नशा है वहां आत्मज्ञान संभव नहीं।

इसलिये कहा है कि अहंकार हो तो आत्मज्ञान संभव नहीं, क्योंकि अहंकार ही असली मदिरा है। अंगूरों से नहीं निकलती असली शराब, असली शराब तो अहंकार से निचुड़ती है। और घर-घर में लोगों ने भट्टियां खोल रखी हैं—अहंकार से शराब निचोड़ने की भट्टियां।

अवधू मांस भषंत दया धरम का नास। मद पीवंत तहां प्राण निरास।

और जो-जो भी मद से भरेंगे, उनके प्राण सिवाय निराशा के और कुछ भी न जानेंगे। उनके प्राणों में कभी सुबह न होगी, सदा रात ही रहेगी। वे निद्रा जानेंगे, तंद्रा जानेंगे, जागरण का उन्हें कभी कोई अनुभव न होगा। सूरज से उनका मिलन न होगा। उनके जीवन में कभी प्रभात न होगा, कभी प्रभाती के स्वर न गूंजेंगे।

भांगि भषंत ज्ञानं ध्यानं षोवंत।

और लोग हैं कि खोज में लगे हैं, ऐसी खोज में लगे हैं कि किसी तरह सस्ता ध्यान हो जाये। वेदों से लेकर अब तक आदमी ने बड़े सस्ते ध्यानों की खोजें की हैं। सोमरस से लेकर एल. एस. डी. तक आदमी की तलाश यह रही कि कोई रासायनिक तत्व मिल जाये, जिससे ध्यान लग जाये—कि गांजे की दम मार लें, कि भांग पीसकर पी जायें, कि एल. एस. डी. की टिकिया गटक लें, कि किसी रासायनिक द्रव्य का इंजेक्शन लगा लें। कोई ऐसी सस्ती तरकीब मिल जाये कि यात्रा बिना किये पूरी हो जाये। यह कोई नई खोज नहीं है, यह सदियों पुरानी खोज है। और आदमी ने इस तरह के बहुत-से रासायनिक द्रव्य खोज निकाले हैं, जिनके माध्यम से झूठे ध्यान का धोखा पैदा हो जाता है। जो ध्यान जैसे ही मालूम पड़ते हैं।

तुमने अगर भंग पी ली है तो तुम आकाश में उड़ते मालूम होने लगते हो; हो जमीन पर ही, मगर आकाश में उड़ते मालूम होने लगते हो। ध्यान में भी वैसी उड़ान होती है—बड़ी ऊंची उड़ान होती है! तुमने अगर एल. एस. डी. लिया तो सारा जगत तुम्हें ऐसा रंगीन मालूम होने लगता है जैसा कभी नहीं था। हरे वृक्ष खूब हरे मालूम होते हैं। गुलाब के फूल खूब गुलाबी मालूम होते हैं। पक्षियों की आवाजें अति मधुर हो जाती हैं। छोटे-छोटे रास्ते के किनारे पड़े हुए कंकड़-पत्थर हीरे-जवाहरातों जैसे चमकने लगते हैं। सारा अस्तित्व एक अपूर्व सौंदर्य से भर जाता है।

ऐसी ही घटना ध्यान में भी घटती है। मगर जो ध्यान में घटती है घटना, वह तो थिर हो जाती है; और जो एल. एस. डी. से घटती है वह घड़ी-भर को है, और फिर गई। और जब जाती है तो बहुत अंधेरे में छोड़ जाती है। आंखें बिलकुल फीकी हो जाती हैं। एल.एस.डी. के प्रभाव में तो हर चीज रोशन मालूम होती है, पत्ते-पत्ते में रोशनी झरती मालूम पड़ती है।

सोमरस से लेकर एल. एस. डी. तक आदमी ने जितने रासायनिक द्रव्य खोजे हैं—गांजा है, भांग है, मारिजुआना है, और-और न मालूम क्या-क्या अलग-अलग देशों में अलग-अलग चीजें खोज ली हैं—इन सबके पीछे तलाश है इस बात की कि कोई शार्ट-कट, कोई सीधा-सा रास्ता, बिना श्रम किये, बिना साधना किये, परमात्मा के अनुभव का मिल जाये। जगत के सत्य को और सौंदर्य को हम देख लें, जान लें। रास्ते मिल भी गये हैं, मगर वे सब रास्ते झूठे हैं, और उनमें गंवाया गया समय सिर्फ गंवाया गया समय है। तुम कल्पना-जाल में खो जाते हो। और छोटे-मोटे लोगों की बात छोड़ दो, बड़े-बड़े विचारशील लोग तक धोखे में आ जाते हैं।

पश्चिम का बहुत बड़ा विचारक अल्डुअस हक्सले जब पहली दफा एल. एस. डी. लिया, तो एल. एस. डी. के बाद उसने अपनी डायरी में लिखा कि अब मैं जानता हूं कि यही बुद्ध को हुआ, यही कबीर को हुआ।

अल्डुअस हक्सले जैसा विचारशील आदमी, इस सदी के दो-चार इने-गिने विचारशील लोगों में एक, मगर उसको भी भ्रांति हो गई कि यही कबीर को हुआ था। क्योंकि कबीर ने भी खूब बात कही न : 'अमी रस बरसे! खूब घनघोर आनंद के मेघ घिरे हैं और आनंद की वर्षा हो रही है! और भीतर दीयों पर दीये जले हैं, जैसे हजार-हजार सूरज एक साथ उगे हों!' ऐसा ही अल्डुअस हक्सले को हुआ एल. एस. डी. के प्रभाव में—खूब अमृत की वर्षा होने लगी, दीये पर दीये जलने लगे! स्वभावतः लौटकर उसने प्रभाव से कहा कि अब मैं जानता हूं कि यही कबीर को हुआ था।

और उसने यह भी लिखा कि अब जैसे पुराने दिनों में आदमी बैलगाड़ी से चलता था और सौ मील चलने के लिये कितना समय लग जाता था। और अब तो सौ मील ऐसे पहुंच जाते हो क्षण में हवाई जहाज से। जैसे बैलगाड़ी और हवाई जहाज का फर्क है ऐसा ही अल्डुअस हक्सले ने लिखा कि बुद्ध ने जो ध्यान की प्रक्रिया की वह बैलगाड़ी जैसी थी, छह साल लगे। महावीर की और भी पुरानी रही होगी बैलगाड़ी, बारह साल लगे। अब एल. एस. डी. हमें मिल गया है। अब यह जेट-युग की चीज है। अब इसकी तो जरा-सी, जरा-सी मात्रा, आंख से भी दिखाई न पड़े ऐसी जरा-सी मात्रा ले लेने से समाधि लग जाती है। तो हमने खोज लिया राज। और उसने लिखा कि जल्दी ही हम उस परम औषधि को खोज लेंगे जिसकी तलाश सदा से चलती रही है।

ऋग्वेद के स्मरण में उसने उस परम औषधि को सोमा नाम दिया। इस सदी के पूरे होते-होते उसकी आशा थी कि सोमा की खोज हो जायेगी। वैज्ञानिक इंजेक्शन निकाल लेंगे, जिसको जब चाहिये समाधि तब समाधि ले ले।

पर ऐसी समाधि दो कौड़ी की है। अल्डुअस हक्सले कितना ही बड़ा विचारक रहा हो, समाधि और ध्यान के जगत का उसे कोई अनुभव नहीं था, इसलिये धोखा खा गया। शब्दों का तालमेल बैठ गया और उसने सोचा कि हो गई बात। शब्दों का तालमेल तो स्वप्न और यथार्थ में भी कभी-कभी बैठ जाता है। कभी तो तुम स्वप्न में भी ऐसे सौंदर्य का अनुभव कर लेते हो कि जाग कर सारा जगत फीका लगे, तो भी तुम यह तो नहीं कहते कि वह सत्य था। तुम जानते हो कि सपना आखिर सपना था।

रासायनिक द्रव्यों से तो शरीर की भीतर की रासायनिक प्रक्रियाएं बदली जा सकती हैं, लेकिन चेतना का आरोहण नहीं होता। चेतना पर तो रासायनिक द्रव्यों का कोई प्रभाव ही नहीं पड़ता। चेतना तो वही है जो रासायनिक द्रव्यों के पार है। उसे पाने के लिये तो कुछ और करना होगा।

भांगि भषंत ज्ञानं ध्यानं षोवंत।

और जो लोग रासायनिक द्रव्यों में पड़ गये हैं वे ध्यान खो देते हैं, ज्ञान खो देते हैं; और इस मजे में रहते हैं कि मिल गया, पा लिया। इस देश में हजारों साधु हैं—दम मारे

दम...और यह कोई नई बात नहीं है इस देश में। इस देश में साधु और गांजा न पीये तो साधु ही क्या—सधुक्कड़ा! साधु तो वही है जो दिल भर कर पीये। असली साधु तो वही—जो पीता ही रहे! नब्बे प्रतिशत साधु इस देश के गांजा, भांग, अफीम, और न मालूम क्या-क्या। रासायनिक द्रव्यों में उलझे रहे हैं। और तुम इन्हें साधु की तरह पूजते भी रहे हो।

पश्चिम में तो यह रोग नया है। पूरब में तो यह रोग बड़ा प्राचीन है। पश्चिम को तो लोग गालियां देते हैं। अगर गोआ में जाकर हिप्पी आकर और मारीजुआना और एल. एस. डी. लेते हैं तो सारी भारतीय संस्कृति को धक्का लगता है। और तुम्हारे साधु-संन्यासी पांच हजार साल से यही कर रहे हैं और तुम्हारी संस्कृति को धक्का नहीं लगा! तुम्हारे साधुओं के अखाड़ों में हो क्या रहा है? मगर गांजा, भांग पीकर राम की धुन लगा दी उन्होंने, बस चित्त प्रसन्न हो गया। तुम भी प्रसन्न हुए कि देखो कैसे राम की धुन लगी है! गांजे के नशे में बकवास चल रही है; तुम समझ रहे हो राम की धुन लगी है। राम-राम जपने की आदत बन गई तो जब गांजा पी लेते हैं तब भी राम-राम जपने की आदत जारी रहती है, और जोर-जोर से जपने लगते हैं। और उछलने-कूदने लगते हैं। मगर यह कोई समाधि की अवस्थायें तो नहीं हैं।

समाधि की अवस्था तो बड़ी शांति की अवस्था है। उसमें नृत्य भी होता है तो उस नृत्य में भी एक समता होती है, एक संतुलन होता है। उसमें गीत भी पैदा होते हैं तो सम स्वर होते हैं। समवेत होते हैं। उसके गीत भी ध्यान-आपूरित होते हैं। वह नृत्य भी कोई तांडव नृत्य नहीं होता।

मगर लोगों ने तो अपने हिसाब से इंतजाम कर लिये हैं; खुद ही नहीं पीते, वे तो शिवजी तक को पिला रहे हैं! भंगेड़ी, गंजेड़ी, उनकी जमातें...वे सोचते हैं कि शिवजी से चल रही है यह परंपरा, कोई नई थोड़ी है। इसलिये बम भोले...! भोले का स्मरण करते हैं, फिर दम लगती है।

धर्म के नाम पर चलता रहा तो किसी को कोई अड़चन नहीं है, तो हमने बिलकुल स्वीकार कर लिया है। हम ऐसे अंधे हैं कि धर्म के नाम पर कुछ भी चलता हो तो हम स्वीकार कर लेते हैं, बस धर्म की आड़ होनी चाहिये। धर्म की आड़ हो तो सब ठीक है।

तुम्हारे देश के निन्यानबे प्रतिशत साधु साधु नहीं हैं, साधु कहे जाने के हकदार भी नहीं हैं। मगर उनकी पूजा चल रही है, तुम उनके पैरों पर गिर रहे हो। तुम कभी कुंभ के मेले में अपने साधुओं की जमातें तो जाकर देखो! तुम्हें देशभर के और सब दादा इत्यादि छोटे मालूम पड़ेंगे। इन्हीं की जमात इकट्ठी हो जाती है तो तुम इसको साधुओं की जमात कहते हो। चित्रकूट के घाट पर भई लुच्चन की भीर! मगर धर्म की,आड़ है, तो तुम कहते हो : संतन की भीड़ लगी है। आंखें खोलो। गोरख वही कह रहे हैं, नहीं तो फिर आखिरी घड़ी में बहुत पछताओगे।

जम दरवारी ते प्राणी रोवंत।

धोखे आसानी से हो जाते हैं। धोखे सस्ते होते हैं।

नागहां शोर हुआ
लो शबे-तार गुलामी की सहर आ पहुंची
उंगलियां जाग उठीं
बरबत-ओ-ताऊस ने अंगड़ाई ली
और मुतरब हथेली से शुआएं फूटीं
खिल गये साज में नग्मों के महकते हुए फूल
लोग चिल्लाये कि फरियाद के दिन बीत गये
राहजन हार गये
राहरौ जीत गये
काफिले दूर थे मंजिल से बहुत दूर, मगर
खुद-फरेबी की घनी छांव में दम लेने लगे
चुन लिया राह के रोड़ों को, खजफ-रेजों को
और समझ बैठे कि बस लालो-जवाहर हैं यही
राहजन हंसने लगे छुप के कमींगाहों में
हमने आजुर्दगीए-शौक को मंजिल जाना
अपनी ही गर्द-सरे-राह को महमिल जाना
अब जिधर देखो उधर मौत ही मंडराती है।

धोखा खाना बड़ा आसान है। जरा-सी बात को तूल दे देना बहुत आसान है। झूठ को सच के आवरण पहना देना बहुत आसान है।

काफिले दूर थे मंजिल से बहुत दूर, मगर
खुद-फरेबी की घनी छांव में दम लेने लगे

आदमी आत्मवंचक है।

खुद-फरेबी की घनी छांव में...

अपने को ही धोखा देने के लिये छांव बना लेता है। अपने ही धोखे में डूब जाता है।

चुन लिया राह के रोड़ों को, खजफ-रेजों को!

कंकड़-पत्थर बीन लेता है रास्ते के किनारे के—

और समझ बैठे कि बस लालो-जवाहर हैं यही।
राहजन हंसने लगे छुप के कमींगाहों में
हमने आजुर्दगीए-शौक को मंजिल जाना
अपनी ही गर्द-सरे-राह को महमिल जाना
अब जिधर देखो उधर मौत ही मंडराती है

जो व्यक्ति सत्य की खोज में निकला है, उसे बहुत सावधानियां बरतनी पड़ती हैं। सत्य के मार्ग पर बड़े धोखे हैं। सत्य के मार्ग पर बहुत पगडंडियां हैं, जो भटका ले जाती हैं। उनकी तरफ सचेत कर रहे हैं गोरख।

जीव क्या हतिये रे प्यंडधारी। मारिलै पंचभू मृगला।
चरै थारी बुधि बाड़ी। जोग का मूल है दया-दाण।।
जीव क्या हतिये रे प्यंडधारी!

तुम खुद ही जीव हो, तुम खुद ही शरीरधारी, क्यों दूसरे शरीरधारियों को सता रहे हो? तुम उन जैसे हो, वे तुम जैसे हैं। तुम जैसे असहाय, वे भी असहाय हैं। जरा सोचो, तुममें और उनमें भेद क्या है?

मारिलै पंचभू मृगला।

लेकिन लोग जाते हैं शिकार खेलने। आदमी को छोड़कर दुनिया में कोई जानवर शिकार नहीं खेलता। जानवर मारते हैं एक-दूसरे को, लेकिन तभी जब भूख लगी हो। भूख के लिये मारते हैं। और क्षमा के योग्य हैं, क्योंकि उन्हें कुछ और पता भी नहीं कि पेट कैसे भरें। वही उनका प्रकृतिगत भोजन है। लेकिन बिना भूख के कोई जानवर नहीं मारता। सिंह के पास खरगोश बैठा रहता है; अगर भूख न लगी हो सिंह को, तो कोई हर्जा नहीं, गुफ्तगू चलती है, बातचीत होती है। जंगल की बातें, अफवाहें, कहां क्या हो रहा है! भूख न लगी हो तो कोई अड़चन नहीं है। एक आदमी अकेला ऐसा है कि बिना भूख के मारता है, खिलवाड़ में मारता है। यह हद हो गई।

तुम जाते हो जंगल खिलवाड़ करने सिंह से, बंदूकें लेकर, मचानें बांधकर। यह भी कोई खिलवाड़ है? और सिंह अगर तुम पर हमला मार दे तो यह दुर्घटना है, और तुम अगर उसे मार लो तो यह खेल है, मृगया है! और तुम सारे साज-सामान से जाते हो और सिंह निहत्था। और तुम दूर मचान पर बंदूकें लेकर बैठे हो और सिंह के पास कोई भी आयोजन नहीं सुरक्षा का, और यह खेल चल रहा है। थोड़ा विचारो।

गोरख कहते हैं: अगर मारने का ही कुछ मजा है तो यह जो पंचभूतों से बनी हुई देह है, इसकी गुलामी को मार डालो, इसके मालिक बन जाओ। अगर कुछ खेल का ही मजा है, अगर कुछ वीरता ही सिद्ध करनी है तो इस देह को जीत लो।

मारिलै पंचभू मृगला। चरै थारी बुधि बाड़ी।

या उस मन को मारो जो तुम्हारे बुद्धि की बाड़ी को चरे जाता है। लेकिन न तो मन को मारते, न तन को मारते; न तन को जीतते, न मन को जीतते। इनके तो तुम गुलाम बने हो और निरीह, असहाय पशुओं की हत्या करने चले जाते हो। लोग बैठे हैं, घंटों मछलियां मार रहे हैं। आदमी घंटों बैठकर मछलियां मारता रहता है, इतनी देर में तो मन मार लिया जाये! और जितनी एकाग्रता से लोग मछली मारते हैं... जरा देखो, लगाकर बंसी लटका कर जैसा बैठते हैं एकाग्र, दत्तचित्त होकर, इतने दत्तचित्त होकर अगर बैठ जायें तो मन को जीत लें, मन की मछली को मार लें। मगर मन की मछली को मारने में उत्सुकता किसकी है, ध्यान ही नहीं है। एक मछली मार लायेंगे तो बड़ी अकड़ से लौटेंगे, कंधे पर लटका कर उसको।

मुल्ला नसरुद्दीन एक दिन आया, मछलियों की दुकान पर खड़ा हुआ, बाहर से ही कहा कि जरा तीन चार बड़ी-बड़ी मछलियां तौलकर मेरी तरफ फेंक दो। दुकानदार ने

कहा, फेंक दो! क्या हाथ में नहीं ले सकते? उसने कहा कि नहीं, फेंक ही दो। बात असल ऐसी है कि तुम तो मुझे जानते हो कि मैं झूठ बोलना कभी पसंद नहीं करता, पत्नी से जाकर कहूंगा कि मछलियां पकड़ी हैं। तुम फेंकोगे तो मैं पकड़ूंगा। झूठ तो मैं बोल ही नहीं सकता। तो तुम जरा फेंक ही दो, ताकि मैं पकड़ लूं।

लोग बाजार से मछलियां खरीद लाते हैं—यह बताने को कि मछलियां मारकर लौटे हैं! मछली मारने वालों की बातें सुनी हैं कभी बैठकर, बड़ी लमतड़ाम हो जाती हैं। दो मछलीमार बैठे बात कर रहे थे। एक ने कहा: आज तो हद हो गई, एक ऐसी मछली पकड़ी कि जिसके भीतर सिकंदर जिस पात्र से जल पीता था, वह पात्र निकला। दूसरे ने कहा: यह कुछ भी नहीं, मैंने आज एक मछली पकड़ी, जब उसको काटा तो नेपोलियन रात में जिस लालटेन को जला कर पढ़ता था, वह लालटेन निकली और जलती हुई! तो पहले ने कहा कि देखो भाई, ऐसा करो, मैं सिकंदर का पात्र वापिस लिये लेता हूं, लेकिन तुम कम-से-कम लालटेन बुझा दो। छोड़ो, नहीं था सिकंदर का पात्र, मगर कम-से-कम लालटेन बुझा दो। यह तो हद हो गई!

पर लोग शिकार भी इसलिये कर रहे हैं कि वह भी अहंकार की दौड़ है। पशुओं के सामने अपने को श्रेष्ठ करने की चेष्टा चल रही है। मछलियों के सामने! शर्म भी नहीं आती! श्रेष्ठ ही करना हो तो मनुष्यों के सामने अपने को श्रेष्ठ सिद्ध कर लो। और श्रेष्ठ होने का तो एक ही उपाय है, दूसरा तो कोई उपाय नहीं कि तुम मन के मालिक हो जाओ, कि तुम अपने तन के मालिक हो जाओ, कि तुम जान लो उसे जो मन और तन के पार है।

कथंत गोरख मुकति लै मानवा, मारिलै रे मन द्रोही।

एक ही है मुक्ति का द्वार, एक ही है परम स्वतंत्रता की उपलब्धि:

मारिलै रे मन द्रोही।

यह जो मन है, यह जो द्रोही मन है, इसे मार ले। द्रोही क्यों? मन नास्तिक है। समझना इसे। मन कभी आस्तिक होता ही नहीं। मन जीता ही 'नहीं' पर है। मन का वातावरण 'नहीं' है। 'नहीं' मन का भोजन है। इसलिये मन 'हां' कहने में बड़ा सकुचाता है, बड़ी अड़चन डालता है। अगर कभी कहना भी पड़े तो मजबूरी में 'हां' कहता है। 'ना' कहने में बड़ा प्रसन्न होता है। 'ना' कहने में बड़ा आंदोलित, आनंदित होता है। तुम जरा जांच करना। जब भी तुम 'नहीं' कहने में समर्थ हो जाते हो तब मजा आ जाता है, रस आ जाता है। ऐसी बातों में तुम 'नहीं' कह देते हो जिनमें 'नहीं' कहने का कोई कारण ही नहीं था। सोचना कि क्यों तुमने 'नहीं' कही? छोटा बच्चा है मां से कह रहा कि बाहर खेल आऊं? नहीं! कोई कारण नहीं है 'नहीं' कहने का। बाहर सूरज निकला है, स्वच्छ हवायें हैं, वृक्ष हैं, पक्षी गीत गा रहे हैं, 'नहीं' कहने का कोई कारण नहीं है। लेकिन 'नहीं' तत्काल आती है। नौकर तनखाह मांगता है कि आज तनखाह मिल जाये...कल ले लेना! जैसे कि आज देना असंभव है। नहीं, लेकिन अभी तो 'नहीं' कहनी ही होगी।

'नहीं' कहने से तुम्हें बल मिलता है। इसलिये छोटा-छोटा आदमी भी, छोटे-छोटे पद पर भी जो बैठा है, वह भी मौका पाकर 'नहीं' कहने का मौका नहीं छोड़ता। चपरासी

बैठा है दफ्तर के सामने, तुम पहुंचे : 'साहब हैं?' वह कहता है : 'नहीं! फिर आना!' वह यह दिखलाना चाह रहा है कि समझा क्या है अपने को! होओगे लाट साहब अपने घर के, अभी लाट साहब मैं हूं! चपरासी भी ऐसे बोलता है। स्टेशन गये हो टिकिट खरीदने, टिकिट बांटनेवाला क्लर्क कुछ काम भी न हो तो भी रजिस्टर खोल कर उलटने-पलटने लगता है। वह यह कह रहा है कि खड़े रहो, ऐसे कई खड़े रहते हैं! ऐसे तुम जैसे आते ही रहते हैं। क्या समझ रखा है अपने-आप को? ये सब बातें कही जा रही हैं, जब वह बिना कहे चुपचाप अपना रजिस्टर पलट रहा है।

तुम खुद भी अपनी जांच करना, तुम भी यही करते हो। रास्ते पर खड़ा हुआ पुलिसवाला रोक देगा तुम्हें कि रुको, चाहे अभी रुकने का कारण हो या न हो, चाहे जरूरत हो चाहे जरूरत न हो।

तुम आदमी के जरा मन को पहचानो। मन जीता है 'नहीं' पर; 'नहीं' उसका पोषण है; नकार उसकी आत्मा है। इसलिये मन संदेह करता है, इंकार करता है, विरोध करता है। गोरख ने उसे द्रोही कहा है। और वही तुम्हारे जीवन को धीरे-धीरे निषेध से भर देता है। और जहां निषेध है वहां अंधकार है। जहां निषेध है वहां निराशा है। जहां निषेध है वहां मृत्यु के सिवाय कभी कुछ भी न घटेगा। विधेय में होती है सुबह। विधेय में प्रकाश का जन्म है। विधेय में ही परमात्मा का अनुभव है।

आस्तिकता का अर्थ होता है : 'हां' कहने की क्षमता। यह सवाल ईश्वर को ही 'हां' कहने का नहीं है। ऐसा मत सोचना कि ईश्वर को 'हां' कह दिया, अब सारी दुनिया को 'ना' कहने के तुम हकदार हो गये। यह कोई आस्तिकता नहीं है।

आस्तिक का अर्थ होता है : 'हां' जिसको सुगम हो गई; जिससे 'हां' सरलता से बहती है; जिसे 'ना' मुश्किल हो गई। नास्तिक का अर्थ है : सौ में निन्यानबे मौके पर वह 'नहीं' कहेगा। और अगर 'हां' कहना भी पड़ेगा तो इस ढंग से कहेगा कि उसके 'हां' में भी 'नहीं' का स्वर होगा, 'नहीं' का स्वाद होगा। और जब भी मौका मिल जायेगा तो वह 'हां' को बदल कर 'नहीं, कर देगा।

फिर आस्तिक कौन है? आस्तिक वह है जो सौ में निन्यानबे मौके पर 'हां' कहेगा, सरलता से कहेगा, सुगमता से कहेगा, बेझिझक कहेगा, बिना नानुच कहेगा, बेशर्त कहेगा। और अगर सौवीं बार उसे 'नहीं' कहनी भी पड़ी तो मजबूरी में कहेगा, क्षमा मांगते हुए कहेगा। और जैसे ही अवसर आ जायेगा 'हां' में बदलने का, वह 'नहीं' को 'हां' में बदल लेगा। यह आस्तिक और नास्तिक की परिभाषा है। ईश्वर को मानना न मानना गौण है। आत्मा को मानना न मानना गौण है। अगर तुमने 'हां' कहने की क्षमता जुटा ली, तुम आत्मा को भी जान लोगे। परमात्मा को भी जान लोगे। और अगर तुम 'ना' कहने में कुशल होते गये, निष्णात होते गये, तो आत्मा-परमात्मा तो दूर, तुम जीवन को भी जानने से वंचित रह जाओगे। आकाश तारों से भरा रहेगा, लेकिन तुम्हारी आंखों में अंधेरा होगा। सुबह ऊगेगी लेकिन तुम अंधे रहोगे, क्योंकि 'नहीं' की परतें आदमी को अंधा करती हैं।

कोई 'नहीं' में जी थोड़ी ही सकता है। 'नहीं' का अर्थ ही होता है जो नहीं है, उसमें

कैसे जीयोगे? और अधिक लोग नहीं में जीने की कोशिश कर रहे हैं, इसलिये उनका जीवन छिन्न-भिन्न है, खिन्न है, उदास है, रूखा-सूखा है, रस-विहीन है। उनका जीवन बस कामचलाऊ जीवन है; उसमें फूल नहीं खिलते; उसमें साज नहीं बजते; उसमें नृत्य नहीं होता; उसमें प्रेम नहीं पकता; उसमें प्रार्थना नहीं लगती। ये सब लगें कैसे? रसधार ही नहीं तो प्रार्थना के फल कैसे लगें? रस ही नहीं बहता, जड़ें रस ही नहीं लेतीं पृथ्वी से, तो फूल कैसे खिलें, नृत्य कैसे हो, गान कैसे हो?

जिस व्यक्ति के जीवन में 'हां' आ जाती है उसके जीवन में काव्य आ जाता है। अब तुम फर्क समझना। 'नहीं' है मन का स्वभाव और 'हां' है हृदय का स्वभाव। इसलिये जो 'हां' कहता है, वह धीरे-धीरे हृदय में सरक जाता है; और जो 'नहीं' कहता है, वह धीरे-धीरे सिर में ही वास करने लगता है। 'नहीं' है तर्क, 'नहीं' है संदेह; 'हां' है श्रद्धा, 'हां' है भरोसा। और उस भरोसे में ही जीवन का प्रभात है।

कथंत गोरख मुकति लै मानवा...।

अगर मुक्ति चाहिये हो, स्वातंत्र्य चाहिये हो, क्योंकि स्वतंत्रता तो सबसे बड़ी विधायकता है।

मारिलै मन द्रोही।

तो इस द्रोही मन को, नास्तिक मन को, नकार करनेवाले मन को जीत लो, मार लो।

जाके बप वरण मांस नहीं लोही।

और इसे मारने में कोई हिंसा नहीं होगी, क्योंकि न तो इसमें मांस है, न लहू है, न देह है। यह मन तो केवल एक धारणा है। इसको मारने में कोई हिंसा नहीं होगी। इसलिये गोरख कहते हैं: मारो! इसको मारने में कोई हर्जा नहीं है। क्योंकि कोई मरेगा नहीं। यह तो केवल तुम्हारी धारणा है, तुम्हारी भ्रांति है, तुम्हारी मान्यता है। छोड़ दोगे, गिर जायेगी। छोड़ दोगे, बिखर जायेगी। और इसके बिखरते ही तुम मुक्त हो जाओगे।

तुम उन जंजीरों में बंधे हो जो हैं नहीं। तुम उन कारागृहों में कैद हो, जो हैं नहीं; लेकिन तुमने मान रखे हैं, तुमने भरोसा कर लिया है।

गुरजिएफ बहुत दिनों तक कजाकिस्तान में रहा। कजाकिस्तान में अब भी यह प्रक्रिया है। छोटे बच्चों को लेकर कजाकिस्तान की स्त्रियां जंगल में काम करने जाती हैं, खेत में काम करने जाती हैं, तो स्त्रियों को कुछ-न-कुछ उपाय करने पड़ते हैं बच्चों के लिये। उन्होंने एक बड़ी अदभुत प्रक्रिया खोज निकाली है, सदियों से वहां चल रही है और वह कारगर है। वे छोटे बच्चे को बिठा देती हैं और उसके चारों तरफ खड़िया से एक लकीर खींच देती हैं और उस बच्चे को कह देती हैं, इसके बाहर तू नहीं निकल सकेगा, कोई कभी नहीं निकल सका है। अब बचपन से ही यह बात कही जाती है और गांव भर के बच्चों को कही जाती है। सब बच्चे यह जानते हैं कि खड़िया की रेखा के बाहर नहीं निकला जा सकता। कोई बच्चा नहीं निकलता। निकल ही नहीं सकते, तो कैसे निकलोगे? ये सम्मोहित हो जाते हैं बच्चे। और बच्चों तक ही बात नहीं है, गुरजिएफ ने लिखा है कि तुम किसी बड़े आदमी के पास खड़िया खींच दो और वह नहीं निकलेगा।

गुरजिएफ तो चौंका जब उसने देखा कि उसने कोशिश की लोगों को कि निकल आओ, हिम्मत दी कि आ जाओ, मत घबड़ाओ—वे निकलने की कोशिश भी करते हैं तो कोई अदृश्य दीवाल ठीक लकीर के ऊपर खड़ी हुई उनको वापिस लौटा देती है। वे उससे आकर टकरा जाते हैं। कोई अदृश्य दीवाल, जो वहां है ही नहीं! गुरजिएफ मजे से भीतर-बाहर आ-जा रहा है। वे देख भी रहे हैं, मगर फिर भी उनके लिये है दीवाल।

तुमने कभी सम्मोहन का कोई खेल देखा? सम्मोहन करनेवाला जो भी कह देता है सम्मोहित व्यक्ति को, वह वैसा ही व्यवहार करने लगता है। तुम्हारा मन एक तरह का सम्मोहन है। और तुम हंसना मत कि ये कजाकिस्तान के लोग नासमझ हैं; तुम्हारी भी हालत वही है। अगर गीता को पैर लग जाये तो जल्दी से नमस्कार करते हो। बचपन से कहा गया है कि गीता को पैर लग जाये, पाप हो जायेगा। मुसलमान का लग जाता है, उसे कोई फिक्र नहीं होती, मजा आ जाता है कि एक पुण्य का कृत्य हुआ! तुम्हारा कुरान से पैर लग जाये, तुम्हें भी कोई अड़चन नहीं होती। तुम मंदिर के सामने से निकलते हो, तुम्हारे हाथ अपने-आप जुड़ जाते हैं, जोड़ने नहीं पड़ते, यंत्रवत। मस्जिद के सामने तुम्हें याद ही नहीं आती कि मस्जिद थी और हाथ जोड़ने थे। ये सब सम्मोहित प्रक्रियायें हैं। ये तुम्हारे भीतर बैठ गई हैं।

मन एक तरह का सम्मोहन है; है नहीं, बस भरोसे में है। मान लिया है तो है, छोड़ दोगे तो गिर जायेगा। हत्या नहीं होगी कुछ, इसलिये कहते हैं गोरख कि ऐसा मत सोच लेना कि मैं मारने-धारने की बातें कर रहा हूं। इसमें न मांस है, न खून है, न जीवन है, एक थोथी धारणा है। और दुनिया में अलग-अलग तरह के मन हैं। जितनी जातियां हैं, जितनी संस्कृतियां हैं, जितने समाज हैं, अलग-अलग तरह का मन पैदा करते हैं। फिर जैसा मन पैदा हो जाता है, वह उसी के अनुसार चलता है; उससे भिन्न चलने में अड़चन हो जाती है। उससे भिन्न का भरोसा ही नहीं आता कि मैं चल सकता हूं।

तुम अपनी ही जांच करना और तुम पाओगे कि तुम्हारा मन समाज के द्वारा दिया गया एक संस्कार है, और कुछ भी नहीं। तुम जिस दिन समझोगे उसी दिन गिरा सकते हो।

पावड़ियां पग फिलसै अवधू, लोहै छीजंत काया।

और कहते हैं गोरख कि ऊपर के वेश इत्यादि बदल लेने से कुछ भी न होगा, क्योंकि हमने खड़ाऊं से भी पैर फिसलते देखा है। बड़ी प्यारी बात कहते हैं:

पावड़ियां पग फिलसै अवधू!

खड़ाऊं तक से पैर फिसल जाते हैं, हमने देखा है। खड़ाऊं यानी साधु-संन्यासी बजाते फिरते हैं न खड़ाऊं! खड़ाऊं से भी पैर को फिसलते देखा है। खड़ाऊं नहीं बचा सकती, भीतर का बोध ही बचा सकता है। ऊपर के उपचार, ऊपर के क्रियाकांड नहीं बचा सकते; केवल अंतर की ज्योति ही बचा सकती है।

पावड़ियां पग फिलसै अवधू, लोहै छीजंत काया।

और तुम शरीर को कितना ही सम्हाल लो—योग, तप, व्यायाम—लोहे जैसा बना लो शरीर को, तो भी छीज ही जायेगा एक दिन, देर-अबेर।

लोहै छीजंत काया।

हमने तो लोहे जैसे शरीर को भी छीजते देखा है, मरते देखा है। इसलिये इस पर व्यर्थ समय खराब मत करो। सुंदर से सुंदर देह भी सड़ जायेगी। सबल से सबल देह भी गल जायेगी।

और तुम हैरान होओगे यह जानकर कि जितनी सबल देह बनाने की कोशिश की जाती है, उतनी बुरी तरह गलती है, क्योंकि जबर्दस्ती हो जाती है। गामा के पास सबल देह थी, और क्या देह चाहिये, लेकिन सड़-सड़कर मरा गामा। क्षय-रोग से मरा। जरूरत से ज्यादा शरीर को बांधने की कोशिश की, अनाचार हो गया। दुनिया के पहलवान अक्सर बुरी तरह से मरते हैं, बुरी बीमारियों से मरते हैं। अस्वाभाविक चेष्टा का परिणाम बुरा होता है। तुम सोचते हो, पहलवानों की देह स्वाभाविक है? नहीं, जरा भी स्वाभाविक नहीं है। वे जो मसलें उठती हुई दिखाई पड़ती हैं, वे स्वाभाविक नहीं हैं, चेष्टागत हैं, हजार-हजार दंड-बैठक रोज लगा-लगा कर के, जबर्दस्ती कर-करके मसलों को उभारा गया है। उनके उभारने में ऊपर से तो बड़ी ताकत मालूम होने लगी, लेकिन भीतर सब खोखा हो गया है। यह स्वाभाविक नहीं है प्रक्रिया।

गोरख कहते हैं कि लोहै छीजंत काया...हमने तो ऐसे लोगों की देह को भी आखिर छीजते देखा, जो लोहे जैसे मालूम पड़ते थे। इसलिये व्यर्थ की चेष्टाओं में मत लगो। योगी लग जाते हैं इस तरह की चेष्टाओं में—कि काया को पवित्र करें, काया को दृढ़ करें, काया को मजबूत करें, काया को ऐसा करें वैसा करें। काया में ही उलझ जाते हैं। काया की माया के ऊपर उठ ही नहीं पाते। साक्षी तक पहुंचने का तो सवाल ही नहीं। घर की सफाई में ही लग गये, मालिक की तो याद ही भूल गई। और घर तो सभी गिर जायेंगे, झोपड़े भी गिरते हैं और महल भी गिर जाते हैं।

पावड़ियां पग फिलसै अवधू...।

बड़ा प्यारा प्रतीक लिया है कि खड़ाऊं से भी पैर फिसलते देखे हैं। हम सब जानते हैं, खड़ाऊं से भी पैर फिसल जाते हैं। सच तो यह है खड़ाऊं से जितने जल्दी फिसलते हैं, और किसी चीज से नहीं फिसलते। खड़ाऊं पर चलकर देखना जरा। खड़ाऊं से और जल्दी फिसल जाते हैं। क्यों? क्योंकि खड़ाऊं एक अस्वाभाविक चीज है। पकड़-पकड़ कर चलना होता है। अंगुलियों के बल पर ही खड़ाऊं को सम्हालना होता है, वजनी भी होती है, लकड़ी की भी होती है।

औपचारिक रूप से जो लोग जीते हैं, ऊपर-ऊपर का आडंबर करके जो जीते हैं, उनके गिर जाने की संभावना बहुत ज्यादा है। इससे तो सीधे-सादे सरल लोग अच्छे हैं। उनके गिरने का डर नहीं है। वे खड़ाऊं पर चलते ही नहीं हैं। उनके गिरने का डर नहीं है, क्योंकि वे कोई धोखा और पाखंड करते ही नहीं हैं; वे तो सीधे-साफ हैं। प्रकृति के अनुकूल चलते हैं तो गिरने का कोई डर नहीं है।

गोरख सहज-योग के पक्षपाती हैं। वे कहते हैं: जहां तक बन सके प्रकृति के अनुकूल ही परमात्मा को साधना, प्रतिकूल साधने की कोशिश कठिनाइयों में ले जायेगी। सम्यक

आहार करना, न कम न ज्यादा, तो फिसलोगे नहीं। कुछ हैं जो कम आहार करते हैं, कुछ हैं जो ज्यादा आहार करते हैं; दोनों के फिसलने का डर है। जो कम आहार करता है वह भी चौबीस घंटे आहार की सोचता रहेगा और जिसने ज्यादा कर लिया है, वह चौबीस घंटे ज्यादा करने के कारण पीड़ित, बोझिल रहेगा। जिसने कम किया है उसके भीतर बेचैनी रहेगी, क्योंकि भूख कायम है, भूख मांग करेगी और जिसने ज्यादा कर लिया है, वह बोझिल हो गया है, उस पर तंद्रा छा जायेगी, मूर्च्छा छा जायेगी, उसे ध्यान मुश्किल हो जायेगा।

दोनों के लिये ध्यान मुश्किल है। जो भूखा ध्यान करने बैठा है, उसे भूख की याद आयेगी। भूखे भजन न होई गुपाला! और जो ज्यादा भोजन करके बैठ गया है, उसको नींद आयेगी। क्योंकि जैसे ही ज्यादा भोजन कर लिया, शरीर कहता है कि अब विश्राम करो ताकि पचा सको, सब काम बंद करो, अब सारी शक्ति पचाने में ही लगानी जरूरी है। इसीलिये तो भोजन करने के बाद एकदम नींद आने लगती है। ज्यादा कर लोगे तो उसका अर्थ इतना हुआ कि अब पेट कहता है, अब सारी शक्ति पचाने में लगानी है। बुद्धि से भी पेट अपनी शक्ति को वापिस ले लेता है। इसलिये नींद आती है। नींद का वैज्ञानिक कारण यही है भोजन के बाद, कि जो शक्ति बुद्धि में काम करती है, मस्तिष्क को जगाकर रखती है, पेट उसको भी वापिस बुला लेता है, क्योंकि संकटकाल की स्थिति पैदा कर दी तुमने। अब कहीं भी शक्ति जा नहीं सकती, पेट में ही होनी चाहिये तभी पच सकेगा। नहीं तो पचेगा नहीं, तो बोझ हो जायेगा, शरीर पर जहर हो जायेगा। और जब मस्तिष्क की शक्ति पेट में चली जाती है तो तुम्हें नींद आने लगती है। नींद का और कोई मतलब नहीं होता। इसलिये उपवास करोगे तो रात नींद नहीं आयेगी, क्योंकि जब उपवास किया तो पेट को शक्ति की जरूरत ही नहीं है पचाने के लिये। तो शक्ति लौट-लौट कर मस्तिष्क में चली जायेगी, रात-भर तुम्हें जगाये रखेगी।

सम्यक आहार चाहिये, न कम न ज्यादा। सम्यक व्यायाम चाहिये, न कम न ज्यादा। सारी चीजें सम्यक चाहिये। सम्यक शब्द को स्मरण रखना, क्योंकि वह सहज-योग की आधारशिला है।

पावड़ियां पग फिलसै अवधू, लोहै छीजंत काया।
नागा मूनी दूधाधारी, एता जोग न पाया।।

गोरख कहते हैं: तुमसे स्पष्ट कहे देता हूं कि नग्न रहने से किसी ने कभी परमात्मा नहीं पा लिया है। नग्न तो सारी प्रकृति है, तुम भी नग्न हो जाओगे तो क्या होगा? मौन रहने से किसी ने परमात्मा नहीं पा लिया है। मौन तो पत्थर भी हैं, पहाड़ भी हैं, वृक्ष भी हैं। मौन रहने से कोई परमात्मा को नहीं पा लिया है।

नागा मूनी दूधाधारी...।

और तुम दूध ही दूध पी कर रहोगे तो भी परमात्मा को नहीं पा लोगे, क्योंकि सभी बच्चे दूध ही पी कर रहते हैं, कोई परमात्मा को नहीं पा लेता। इसका यह अर्थ मत समझ लेना कि गोरख कह रहे हैं कि मौन अच्छा नहीं है, कि गोरख कह रहे हैं कि नग्नता में कोई पाप है।

नहीं, गोरख इतना ही कह रहे हैं कि नग्न रहने में तुम्हें सुखद मालूम पड़ता हो, प्रीतिकर लगता हो, स्वाभाविक लगता हो, मजे से रहना; मगर यह मत सोच लेना कि नग्न रहने से ही कोई परमात्मा को पा लेता है। कपड़े पहने-पहने भी परमात्मा पाया जाता है। परमात्मा और आदमी के बीच कपड़े बाधा नहीं हैं—बाधा मन है। इसलिये कपड़ों को गिरा कर यह मत सोच लेना कि हो गया काम पूरा।

दिगंबर जैन मुनि यही कर लेते हैं। सारी जिंदगी का अभ्यास यही होता है। पांच सीढ़ियां पार करते हैं। एक-एक सीढ़ी के पार करने में दो-दो, तीन-तीन, चार-चार साल लग जाते हैं। पांचवीं सीढ़ी पर जाकर नग्न हो पाते हैं। पंद्रह-बीस साल की लंबी चेष्टा और कुल परिणाम इतना कि नग्न हो गये। इससे कुछ मिल न जायेगा। तुम जरा जैन दिगंबर मुनि को देखना। उसके चेहरे पर तुम कोई प्रतिभा की आभा न पाओगे, आनंद का अहोभाव न पाओगे। सब सूखा-सूखा, सब रूखा-रूखा...जैसे कोई वृक्ष सूख गया हो, जिसमें अब पत्ते नहीं लगते, फूल भी नहीं आते, जिस पर अब पक्षी भी अपना नीड़ नहीं बनाते। लेकिन जो मानते हैं जैन मुनि को, वे तो कहेंगे: अहा, कैसा वैराग्य! अपूर्व वैराग्य!

हमारी मान्यतायें ऐसी हैं कि अगर हमारे चित्त में धारणायें बैठी हों तो हम उन्हीं धारणाओं के अनुसार देखते हैं। तुम जा कर देखोगे तो तुम्हें कुछ भी न दिखाई पड़ेगा कि कौन-सा आनंद है, कौन-सा परमात्मा का अनुभव हुआ, कौन-सी समाधि है। न तो कोई समाधि का संगीत बजता सुनाई पड़ता है...। यह आदमी बिलकुल मुर्दे जैसा हो गया है। लेकिन जो मानते हैं वे कुछ और कहेंगे। उनका देखने का ढंग, उनकी आंख पर एक चश्मा है। सबकी आंखों पर चश्मे हैं। और चश्मे उतारने जरूरी हैं। और जो सब चश्मे उतार देता है वही मन से मुक्त होता है। मन सारे चश्मों का नाम है—हिंदू चश्मा, मुसलमान चश्मा, जैन चश्मा। चश्मे ही चश्मे हैं। और जब आंख नग्न हो जाती है, स्वच्छ होकर देखती है, बिना किसी चश्मे के, तो वह दिखाई पड़ता है, जो है।

नग्न होने का कोई विरोध नहीं है गोरख को, न मौन होने से कोई विरोध है। इतना ही कह रहे हैं कि इसी को सब मत समझ लेना, क्योंकि कोई आदमी मौन तो हो सकता है और भीतर सारा पागलपन चल रहा है। ऊपर से मौन बैठ गये। सच तो यह है कि ऊपर से मौन बैठ जाओगे तो जो-जो कह कर निकाल लेते थे वह भी भीतर-भीतर घूमेगा, निकलने की भी जगह न रही, निकास भी न रहा। जैसे घर की नाली थी, उसको भी बंद कर दिया, उसमें से कुछ बाहर निकल जाता था कूड़ा-कचरा, अब वह भी बाहर नहीं जाता, वह भीतर ही भीतर घूमेगा। बातचीत करके इसीलिये तो लोग हलका अनुभव करते हैं। मिल बैठे दो यार, जरा बातें हो गईं, कुछ तुमने कहीं कुछ उनने कहीं, कुछ तुमने सुनीं कुछ उनने सुनीं, दोनों हलके होकर घर आते हैं। कहते हैं: जरा मित्र मिल गया, बड़ा आनंद आ गया। आनंद कुछ भी नहीं आया; कुछ कचरा तुमने उसमें डाला, कुछ कचरा उसने तुम में डाला। तुम भी हल्के हुए कुछ, वह भी हल्का हुआ कुछ। फिर नया कचरा पुराने से बेहतर लगता है। जैसे आदमी मरघट ले जाता है न किसी को कंधे पर रखकर,

तो रास्ते में कंधे बदल लेते हैं। इस कंधे से अरथी हटा ली, उस कंधे पर रख ली। अरथी का वजन तो वही है, लेकिन नये कंधे पर थोड़ा कम मालूम पड़ता है। फिर थक जायेंगे तो फिर दूसरे कंधे पर रख लेंगे। ऐसे तुम कचरे का लेन-देन करते रहते हो। नया कचरा थोड़ा अच्छा लगता है—अपरिचित है। पुराने कचरे से तुम ऊब गये थे; किसी की खोपड़ी में डाल देना चाहते थे।

जो आदमी मौन होकर बैठ गया, उसकी मुसीबत समझो। अब सारा कचरा उसी के भीतर घूमेगा। ऊपर से तो मौन, भीतर विक्षिप्त होने लगेगा। मौन पर्याप्त नहीं है, पहले ध्यान। ध्यान का अर्थ होता है: भीतर अब शांति आ गई। अब भीतर कुछ है ही नहीं। फिर तुम अगर मौन रहो तो उस मौन में एक सौंदर्य होगा। और ऐसा ही नग्नता के संबंध में भी समझना। भीतर तुम निर्मल हो गये, छोटे बच्चे की भांति हो गये। फिर तुम नग्न हो गये तो उस नग्नता में सौंदर्य होगा। अपूर्व सौंदर्य होगा, निर्दोषता होगी।

हिरदा का भाव हाथ में जाणिये, यह कलि आई षोटी।

यह जमाना बुरा आया है। अब तो एक ही उपाय है कि जो तुम्हारे हृदय में हो उसको तुम्हारे आचरण में बहने दो। अब वे दिन गये, जब लोग सूक्ष्म में जीते थे। अब तो स्थूल में बताना होगा। यह स्थूल युग आया। यह कलि आई षोटी! यह जमाना स्थूल का है। लोग शरीर को मानते हैं, आत्मा को तो मानते ही कहां? लोग संसार को मानते हैं, परमात्मा को तो मानते ही कहां? लोग तो पत्थर को मानते हैं, प्रेम को मानते ही कहां? यह जमाना तो खोटा आया। यहां तो लोग जिसका दर्शन हो सके, स्पर्श हो सके, इंद्रियों से पकड़ में आ सके, उसको मानते हैं। तो अब तुम्हें धर्म को भी इस योग्य लाना होगा।

हिरदा का भाव हाथ में जाणिये... ।

इसलिये अब हृदय में ही रखने की बात नहीं है, इसे अपने हाथ में लाना होगा। अगर हृदय में प्रेम है तो हाथ से प्रेम बांटना होगा। अगर हृदय में देने का भाव है तो हाथ से देना होगा। अगर हृदय में सेवा है तो हाथ से करनी होगी। अब हृदय से ही काम पूरा न हो पायेगा। अब तुम जो सोचते हो, जो भीतर जीते हो, उसे बाहर भी अभिव्यक्ति देनी होगी। यह जगत तो अब आचरण को ही पकड़ सकेगा। अब यह हृदय के भाव न पकड़ सकेगा।

पुराने दिन और थे। गोरख बड़ी ठीक बात कह रहे हैं।

बुद्ध बैठ गये बोधिवृक्ष के नीचे और हम सबने पहचान लिया था। जो पहचान सकते थे, उन्होंने पहचान लिया था। उस सन्नाटे में, उस चुप्पी में भी बुद्ध को पहचान लिया था। हृदय का भाव हृदय में ही रहा था, बाहर नहीं आया था, हाथ में प्रगट नहीं हुआ था। बुद्ध ने करुणा बरसाई, मगर वह हृदय की थी; अस्पताल नहीं खोले, नहीं तो हाथ की हो जाती। प्याऊयें नहीं खोलीं, नहीं तो हाथ की हो जाती। बीमारों के हाथ-पैर नहीं दबाये, नहीं तो हाथ की हो जाती।

इस अर्थ में जीसस ज्यादा कलियुग के करीब हैं; जो हृदय का था उसे हाथ में लाये। अंधों को आंखें दीं, कि लंगड़ों को पैर दिये, कि बीमारों की सेवा की। अगर इस दुनिया

में ईसाइयत का प्रभाव बढ़ता जाता है तो इसका और कुछ कारण नहीं है; उसका कारण यह है कि ईसाइयत के पास स्थूल की पकड़ है। और जो पुराने धर्म हैं—हिंदू हैं, जैन हैं, बौद्ध हैं—इनकी पकड़ अभी स्थूल पर नहीं है। इनकी पकड़ अभी भी सूक्ष्म पर है। ये पुराने दिनों की बातें कर रहे हैं। ये सतयुग की बातें कर रहे हैं। मगर यह कलि आई षोटी! अब जमाना और है। जो चीज तुल सकती है तराजू पर, वही मानी जायेगी।

हिंदू बहुत परेशान रहते हैं कि लोग ईसाई क्यों बनाये जा रहे हैं, लोगों को रिश्वत दी जा रही है, लोगों को ईसाई बनाया जा रहा है। यह सब बकवास है। कोई किसी को जबर्दस्ती ईसाई नहीं बना रहा है। लेकिन ईसाइयत इस युग के बड़े अनुकूल मालूम पड़ती है। गरीब को लगता है कि कुछ सहारा मिला। बुद्ध ध्यान की बात करते हैं, गरीब को ध्यान से कुछ लेना-देना नहीं है। गरीब कहता है: ध्यान की बात पीछे, भोजन कहां है? ईसाई मिशनरी आता है, वह पहले भोजन की बात करता है। ध्यान की तो वह कभी बात करता ही नहीं, वहां सिर्फ भोजन ही भोजन है; अस्पताल खोल देता है, स्कूल खोल देता है, कारखाना लगा देता है, अच्छे कपड़े लोगों को मिल जाते हैं, नौकरी मिल जाती है, शिक्षा मिल जाती है। लोगों को लगता है कि यह बात ठीक है, यह धर्म की बात हो रही है।

ईसाइयत बढ़ती चली गई है। आज दुनिया में एक तिहाई ईसाई हैं। सारे धर्मों पर छाती चली गई है। और उसका कुल कारण इतना है कि इस देश के धर्म सतयुग की भाषा ही बोले चले जाते हैं। अभी भी हम कहते हैं कि साधु की सेवा करो और ईसाई कहता है कि साधु वह जो सेवा करे। इन दोनों का फर्क समझ लो। साधु आ जाये, हम सब उसके पैर दबाने जाते हैं। जैन तो कहते ही हैं, अगर उनसे पूछो, कहां जा रहे हो, वे कहते हैं: साधु महाराज की सेवा करने जा रहे हैं! यह तो हम सोच ही नहीं सकते कि साधु और हमारी सेवा करे। साधु अगर तुम्हारे पैर दबाने लगे, तुम एकदम उचक कर खड़े हो जाओगे, तुम कहोगे: यह क्या करते महाराज! नरक भिजवाओगे? आप और मेरा पैर दबाते हैं! मुझसे कोई कसूर हुआ? आप नाराज हैं? पैर मैं दबाऊंगा।

मगर ये बातें बदल गई हैं। यह भाषा सतयुग की है, जब साधु के पैर दबाये जाते थे, क्योंकि तब लोगों के पास आंख भी थी कि सूक्ष्म को देख सकें; हृदय प्रगट था, पारदर्शी था। अब हालत ऐसी नहीं है। गोरख के जमाने में भी न रही होगी। तब तो गोरख कहते हैं—

हिरदा का भाव हाथ में जाणिये, यह कलि आई षोटी।
बदंत गोरख सुणौ रे अवधू, करवै होइ सु निकसै टोटी।।

अब तो प्रमाण देना होगा। जैसे कि हम नल खोलते हैं न, तो टोंटी में से पानी निकलता है; अंदर हो तो ही निकलता है, अंदर न हो तो अकेले टोंटी खोलने से कुछ नहीं होता।

मैंने सुना है, लारेंस ने अरब के लोगों की बड़ी सेवा की। लारेंस एक अदभुत आदमी था। उसने जितनी अरब-जाति को उठाने की कोशिश की, किसी दूसरे आदमी ने नहीं की। वह कुछ अरबी लोगों को लेकर विश्व-प्रदर्शनी होती थी पेरिस में, तो गया दिखाने। बड़ी

होटल में उनको ठहराया। मगर वह बड़ा हैरान हुआ, उनको किसी और चीज में मजा ही नहीं था, वे तो एकदम बाथरूम में घुस जायें। अरब के निवासी, पानी की मुश्किल, वर्षों पानी न मिले, ऐसी हालत। नहाना-धोना कहां, और यहां एकदम टोंटी खोलो कि बस फव्वारा जारी...पानी-पानी, पानी-पानी...। जैसे ही वे...प्रदर्शनी में एक-से-एक चीजें थीं, मगर वे अरब कहें कि बस अब चलो होटल वापिस। और जैसे ही वे होटल में आयें कि वे गये बाथरूम में और जो घुसें तो निकलें ही न। लारेंस ने कहा कि ठीक है, करने दो, इनको नहा लेने दो, मजा कर लेने दो जितना पानी का करना है, बेचारों को पानी की तकलीफ है।

आखिरी दिन बड़ा अजीब मामला हुआ। सब सामान तो रख दिया गया कारों में। लारेंस जाकर बैठ गया, रास्ता देख रहा, मगर वे सब नदारद। उसने आदमी भिजवाये। कहा कि भई जाकर देखो, वे बाथरूम में होंगे। आखिरी सोच रहे होंगे, एक दफे और। वहां गये तो बड़ी हैरानी हुई, वे सब टोंटियां निकाल रहे थे।

लारेंस ने पूछाः यह तुम क्या कर रहे हो? उन्होंने कहाः ये टोंटियां तो हम घर ले जायेंगे। ये टोटियां बड़ी गजब की हैं! जहां दिल चाहो, खोलो, बस पानी ही पानी!

उन गरीब अरबों को क्या पता कि टोंटियों के पीछे बड़ा जाल है। टोंटियां दिखाई पड़ रही हैं; उनके अंदर पीछे और पाइप लगे हैं, और पाइप दूर सरोवरों से जुड़े हैं, इस सबका उनको क्या पता? वे तो समझे कि यह टोंटी का ही मजा है, यह टोंटी बड़ी जादू की है! खोलकर अपने खीसे में रख लो, छोटी-सी टोंटी, किसको पता चलेगा? वे बड़ी कोशिश कर रहे थे कि किसी तरह टोंटी खुल जाये, वह खुल भी नहीं रही थी, इसलिये देर भी लग रही थी।

गोरख कहते हैं कि टोंटी खोलोगे तो वही निकलता है जो भीतर है। तुम्हारे हाथ प्रमाण होने चाहिये तुम्हारे हृदय के।

कोई बादी कोई विवादी, जोगी कौं बाद न करनां।

वे कहते हैं: पक्ष-विपक्ष में मत पड़ना। यह ठीक वह ठीक, इस झंझट में मत पड़ना। क्योंकि बिना जाने ठीक तय होता ही नहीं। ईश्वर है या नहीं, इस बात में भी मत पड़ना। ऐसा है वैसा है, इस विवाद में भी मत पड़ना। क्योंकि उस विवाद में जितना समय गया व्यर्थ ही गया।

अठसठि तीरथि समंदि समावै...!

और जैसे सारे तीर्थ अंततः समुद्र में ही गिर जाते हैं—गंगा हो कि यमुना हो कि सरस्वती हो, कि गोदावरी हो कि नर्मदा हो; जैसे सारे तीर्थों को बनाने वाली नदियां अंततः जाकर समुद्र में गिर जाती हैं—

यूं जोगी को गुरुमुषि जरनां।

ऐसे गुरु के मुंह से जो झर रहा है बस उसको योगी पी ले, पर्याप्त है। उसे वाद-विवाद में पड़ने की कोई जरूरत नहीं है। जैसे सारे तीर्थ समुद्र में गिर जाते हैं, ऐसे ही सारे तीर्थ गुरु की वाणी में गिर रहे हैं। गुरु को खोज लिया, फिर कोई चिंता वाद-विवाद

की नहीं करनी चाहिये। फिर रसलिप्त, फिर रसविमुग्ध, फिर उसके साथ एक ताल में आबद्ध हो जाना चाहिये।

अवधू मन चंगा तौ कठौती ही गंगा!

और सारी बात मन के चंगे होने की है, आनंदमग्न होने की है, फिर तुम्हें गंगा जाने की जरूरत नहीं, तुम्हारे घर की कठौती में ही गंगा है।

अवधू मन चंगा तौ कठौती ही गंगा। बांध्या मेला तो जगत्र चेला।

और एक दफा बंधन से छूट जाये तुम्हारा मन तो सारा जगत तुम्हारा चेला हो जाये। तुम एक बार मुक्त हो जाओ। तुम मत फिरो इस फिक्र में कि इसको समझायें, उसको समझायें; इससे विवाद करें, उससे विवाद करें; इसको जीतें, उसको अपने पक्ष में लायें। इस सब में समय खराब मत करो। तुम मन से मुक्त हो जाओगे तो सारा जगत तुम्हारा चेला हो जायेगा। फिर जिन्हें भी सत्य की चाह है, वे अपने से खिंचे चले आयेंगे, तुम्हें बुलाने भी उनके घर जाना न होगा। वे तुम्हें खोजते चले आयेंगे।

बदंत गोरख सति सरूप। तत विचारै ते रेख न रूप।

और गोरख कहते हैं कि जिसकी न कोई रेखा है, न कोई रूप है, न कोई परिभाषा है, उसका तुम विचार कैसे करोगे? उसका तो अनुभव ही हो सकता है।

गुरु में डूबो। जिसने जाना है उससे जुड़ो। जिसने पहचाना है उसमें डुबकी मारो। जो स्वयं भी अपरिभाष्य हो गया है, उसका स्वाद लो।

यहु मन सकती यहु मन सीव।

यही मन शक्ति है, यही मन शिव।

यहु मन पांच तत्त का जीव।

यही मन पांच तत्व हैं, पांच तत्वों से बना हुआ जीव है। यह सारा खेल मन का है। मन अगर बंधन में पड़ा है वासना के, तो तुम संसार में उलझे रहोगे। और मन अगर वासना से उठ गया ऊपर, तो तुम मुक्त हो गये।

यहु मन ले जे उनमन रहै...।

बस इतना ही कर लो कि इसी मन के रहते-रहते तुम उनमन हो जाओ, अमन हो जाओ। जिसको झेन फकीर कहते हैं—नो माइंड, वह उनमन शब्द का ही अनुवाद है। उनमन रहै...। ऐसे रहो जैसे मन है ही नहीं। न कोई विचार, न कोई वासना, न कोई भाव। निर्विचार, निर्भाव, निर्वासना, चुप, सन्नाटे में जीयो। यही ध्यान है।

यहु मन ले जे उनमन रहै। तौ तीनि लोक की बातां कहै।।

फिर तुम्हारे भीतर से तीनों लोकों के अदृश्य सत्य प्रगट होने शुरू हो जायेंगे।

दाबि न मारिबा...।

और इस मन को तुम दबा कर न मार सकोगे।

दाबि न मारिबा, खाली न राषिबा...।

और तुम चाहो कि इसको सदा खाली रख लें, तो भी संभव नहीं है। खाली कोई चीज रह ही नहीं सकती। बड़ा प्यारा सूत्र है। जैसे तुम जल भरते हो नदी से, तुमने अपनी

मटकी भरी, गड्ढा हो जाता है वहां, लेकिन तत्क्षण चारों तरफ से जल दौड़कर उस गड्ढे को भर देता है। तुम हवा खाली कर लो एक जगह की, चारों तरफ से हवा दौड़कर वहां आ जाती है। इसलिये तो गर्मी के दिनों में अंधड़ चलते हैं। क्योंकि गर्मी में कहीं ज्यादा धूप पड़ जाती है सूरज की, तो हवा विरल हो जाती है, स्थान रिक्त हो जाता है। स्थान के रिक्त होते ही आस-पास से हवायें दौड़ पड़ती हैं। इतनी तेजी से दौड़ती हैं कि अंधड़ मालूम होता है। प्रकृति खालीपन को पसंद नहीं करती, तत्क्षण भर देती है। परमात्मा भी खालीपन को पसंद नहीं करता, तत्क्षण भर देता है। तुम खाली तो होओ...इधर मन खाली हुआ कि उधर परमात्मा भरा।

यह सूत्र बड़ा अदभुत है: *दाबि न मारिबा!*

एक तो यह खयाल रखना कि मन को दबा-दबा कर मारने की कोशिश में मत लग जाना, नहीं तो मुश्किल हो जायेगी, कभी न मार पाओगे। जिसको दबाओगे वह बना ही रहेगा, वह भीतर बना रहेगा, और भीतर सरक जायेगा। उसका जहर और तुम्हारे प्राणों में फैल जायेगा।

दाबि न मारिबा, खाली न राषिबा...।

और एक बात पक्की है कि तुम इसे खाली करो, घबड़ाओ मत, यह मत सोचो कि कहीं ऐसे हो गये इस मन को तो छोड़ दिया, फिर रह गये खाली के खाली, शून्य। नहीं, ऐसा होता ही नहीं। तुम शून्य हुए कि पूर्ण आया। इधर शून्य, उधर पूर्ण। शून्य और पूर्ण एक ही सिक्के के दो पहलू हैं।

जानिबा अगनि का भेवं।

और यही भेदों का भेद है। यह तुमसे रहस्य की बात कहते हैं गोरख, कि यह भेदों का भेद है। यही उस परम अग्नि का भेद है जिसकी शास्त्रों में चर्चा है, कि जल मिटो, मर मिटो। जल जाओ बिलकुल कि तुम बचो ही न। जैसे ही तुम नहीं बचोगे, वैसे ही परमात्मा अवतरित हो जायेगा।

मरौ हे जोगी मरौ, मरौ मरन है मीठा।
तिस मरनी मरौ, जिस मरनी मरि गोरख दीठा।।

मर जाओ, शून्य हो जाओ, मिट जाओ, आ जायेगा परमात्मा अपने-आप। तुम्हें उसे खोजने भी जाना न पड़ेगा।

दाबि न मारिबा, खाली न राषिबा, जानिबा अगनि का भेवं।
बूढ़ी ही थै गुरबाणी होइगी, सति सति भाषंति श्री गोरख देवं।

और बड़ी मधुर बात कहते हैं कि जिस दिन तुम भर जाओगे परमात्मा से—मन से खाली और आत्मा से भरे—उस दिन तुम पाओगे:

बूढ़ी ही थै गुरबाणी होइगी!

तब यह माया ही, यह बूढ़ी माया...बहुत पुरानी है यह माया, कोई नई तो नहीं...यह माया ही तब तुम्हें गुरु का संदेश देने लगेगी। इसी के कण-कण से वेदों का जन्म होने लगेगा। इसी माया से उपनिषद प्रगट हो उठेंगे। इसी संसार से तुम्हें सत्य का संदेश मिलने

लगेगा। क्योंकि है तो यह संसार उसी का। छिपा वही है इसमें। कण-कण पर उसी का हस्ताक्षर है। मगर तुम्हारे पास अभी देखनेवाली आंख नहीं है।

रातिं गई अधराति गई, बालक एक पुकारै।

और दिन बीते जा रहे हैं, समय बीता जा रहा है, और तुम्हारे भीतर कोई पुकार है, सुनो उसे! तुम्हारे भीतर से कोई पुकार रहा है कि खोज लो, समय मत गंवाओ।

राति गई अधराति गई, बालक एक पुकारै।
है कोई नगर मैं सूरा, बालक का दुख निबारै।।

कोई है, जो इस भीतर की पुकार का दुख निबार दे? अगर तुम पुकारोगे, जरूर कोई सूरा मिल जायेगा। उसी को गुरु कहते हैं। तुम पुकारोगे तो जरूर कोई मिल जायेगा जो इस बालक का दुख निबार दे।

देवल जात्रा सुंनि जात्रा...।

कहते हैं कि देवल गये, मंदिर गये—यह तो सूनी व्यर्थ की यात्रा है, तुम नाहक ही परेशान हुए।

देवल जात्रा सुंनि जात्रा...।

यह तो व्यर्थ की यात्रा है। इसका कोई मूल्य नहीं है।

तीरथ जात्रा पाणीं।

और गये तीरथ, यह तो पानी की यात्रा है, इससे क्या होने वाला है? फिर कहां जायें?

अतीत जात्रा सफल जात्रा बोलै अमृत वाणी।।

अपने से पार जाओ। अपना अतिक्रमण करो। मनातीत।

अतीत जात्रा सुफल जात्रा, बोलै अमृत वाणी।।

और जिस दिन तुम अपने ऊपर उठ जाओगे—अपना अतिक्रमण करोगे—उस दिन तुम पाओगे तुम्हारी वाणी से अमृत बहने लगा; तुम्हारी वाणी वेद उचारने लगी। वेद कंठस्थ नहीं करने पड़ते। जब कोई अतिक्रमण कर जाता है, तो वह जो भी बोलता है, वही वेद है।

इस संसार में पाया क्या है?

दो डगों में ही सिहरने लग गये संकल्प सारे,
बन गई बोझा जवानी, आस टूटी, स्वप्न हारे!
विश्व-उपवन कंटकों से युक्त वन पाया पगों ने,
भूल थी मेरी कि मैंने कह दिया नंदन अधिक है!
मुक्ति कम, बंधन अधिक है, प्यार में क्रंदन अधिक है!

आज का सत्कार है कल की उपेक्षा का प्रथम पग,
जग लुटा दो, किंतु, अपना हो नहीं सकता कभी जग!
फाग से जब लौटकर आया, दिखी तब राख सिर पर,

भूल थी मेरी कि मैंने कह दिया चंदन अधिक है!
मुक्ति कम, बंधन अधिक है, प्यार में क्रंदन अधिक है!

आज का गलहार कल की अग्नि-माला का निमंत्रण,
एक क्षण की तृप्ति से तो है भला तृष्णा-नियंत्रण।
ओ, अभागे प्राण-चातक! मिट रहा किसके लिये तू?
रूप ऐसा मेघ जिसमें नीर कम गर्जन अधिक है!
मुक्ति कम, बंधन अधिक है, प्यार में क्रंदन अधिक है।

इस संसार में तुमने जो प्रेम बांधा, आसक्ति बांधी, वहां पाया क्या है? पुनर्विचार करो। वहां कुछ भी तो मिला नहीं, राख ही मिली है। चाहा था आनंद, मिला दुख। चाही थी स्वतंत्रता, मिला संताप। चाहा था आकाश, मिले पींजड़े। सींकचों में बंद तुम जी रहे हो।

लेकिन हम देखते नहीं, हम दौड़े चले जाते हैं। देखें तो अभी क्रांति हो सकती है। और परमात्मा से तुम व्यर्थ की चीजें मांग रहे हो—धन मांग रहे, पद मांग रहे। मांगना हो तो कुछ ऐसा मांगो—

दे सको दर्शन न तो
केवल अमर विश्वास दे दो।

इस अमावस की निशा में
घिर गया उर में अंधेरा
हो गया ऐसा कि मानों
फिर नहीं होगा सवेरा
मैं जलाता क्षीण सा—
फिर भी प्रणय का दीप अपना
चांदनी की छवि न दो
केवल किरण का हास दे दो।
दे सको दर्शन न तो
केवल अमर विश्वास दे दो।

तृप्ति मिल पाई न कोकिल—
को विरह के गीत गाते
क्षण मिले मधुमास के जो
वे शरों से वेध जाते
इन स्वरों की दीर्घ व्यापी

मृदु जलन फूटी गगन में;
दो न छाया मेघ की
केवल सजल आभास दे दो।
दे सको दर्शन न तो
केवल अमर विश्वास दे दो।

देखते हो क्या नहीं वह
बह रही लहरी विकल है
प्रश्न सी आतुर प्रतीक्षामय—
मिला जिसको न हल है
सिंधु के प्रतिबंध देते
हैं तड़पने भी न जी भर;
मुक्ति दो चाहे न, केवल
ज्वार का उल्लास दे दो।
दे सको दर्शन न तो
केवल अमर विश्वास दे दो।

मांगते हो धन, मांगते हो पद, मांगते हो प्रतिष्ठा, मिला क्या? मांगो आस्था, मांगो आस्तिकता, मांगो कि हृदय कह सके : हां! मांगो कि अब यह हो चुकी ना बहुत; अब इंकार नहीं। अब यह चित्त का नकार नहीं। तो जरूर तुम्हारे भीतर अमृत-वाणी का जन्म हो। तुम भी जान सको उसे, जो किसी गोरख ने जाना। तुम भी पहचान सको उसे, जो किसी कबीर ने जाना। और ध्यान रखना पुनः पुनः, यह वाद और विवाद की बात नहीं, शास्त्र-शास्त्रार्थ की बात नहीं, शब्द-सिद्धांत की बात नहीं।

तट पर बैठे जो लोग,
लहर को क्या जानें?

जिनके मन-मधुवन में
कलिका भी खिली नहीं,
जिनको पलभर पतझर से
फुरसत मिली नहीं,
कोयल की स्वरलहरी में
नहीं नहाये जो—
वे मधुऋतु के मदमस्त
प्रहर को क्या जानें?

तट पर बैठे जो लोग,
लहर को क्या जानें?

जो सुन न सके संगीत
हवा की पायल का,
जो देख न पाये खेल
चांद से बादल का।
जिनकी किस्मत में
मावस का अभिनंदन है,
वे ऊषा की रंगीन
नजर को क्या जानें?
तट पर बैठे जो लोग,
लहर को क्या जानें?

थोथी मर्यादाओं में
जो पलते आये
सांसों का बोझ उठाये
जो चलते आये!
जिनके नभ में बदली न घिरी,
बिजली न हंसी,
वे पी-पी रटते हुए
अधर को क्या जानें?
तट पर बैठे जो लोग,
लहर को क्या जानें?

मधु और गरल कुछ नहीं
समर्पण के पथ में,
फूलों तक जाना है
शूलोंवाले रथ में!
बसते आये जो सदा
घृणा की बस्ती में,
वे प्रेम-नगर या प्रेम-डगर
को क्या जानें?
तट पर बैठे जो लोग,
लहर को क्या जानें?

पर किनारे पर बैठे लोग विवाद खूब करते हैं। लहरों की चर्चा करते हैं। मझधारों की चर्चा करते हैं। उस पार की चर्चा करते हैं। इस विवाद में समय मत गंवाना। हिंदू, मुसलमान, ईसाई, जैन, विवाद में समय मत गंवाना। वेद सही कि कुरान कि बाइबिल, समय मत गंवाना। खोज लेना कहीं कोई जीवंत उपनिषद, कोई जीवंत कुरान। जहां अभी पैदा हो रही हो अमृत की वाणी, वहां डुबकी लेना।

देवल जात्रा सुंनि जात्रा, तीरथ यात्रा पाणीं।
अतीत जात्रा सुफल जात्रा, बोलै अमृत वाणी।।

आज इतना ही।

दूसरा प्रवचन

एक नया आकाश चाहिए

(मरौ हे जोगी मरौ — चौदहवां प्रवचन)

मैं वर्षों से पूजा कर रहा हूं, मगर हाथ कुछ नहीं आया।
तीर्थ, व्रत, यात्रा सब कर चुका हूं, पर निष्फल।
क्या मैं ऐसे ही अकारण जीऊंगा और अकारण मर जाऊंगा?

संसार में सब क्षणभंगुर है, इसलिए पकड़ें तो क्या पकड़ें?

बंबई की किसी होटल के प्रांगण में स्थापित जैन तीर्थंकर की नग्न प्रतिमा को
चड्ढी पहनायी गई, ऐसा आपने बताया।
मैं जानना चाहता हूं कि चड्ढी पहनाने का कार्य किसने किया?

भगवान! आपके इस संन्यासी के जीवन में आपका प्रसाद हमेशा मिलता
रहता है, जिसका अनुभव बयान नहीं कर सकता।
और पहले-पहले घबड़ाहट भी होती थी।
भगवान, यह मेरा भरम तो नहीं है, कृपया समझाएं।

भगवान! दिल्ली में जो चल रहा है, उसके संबंध में कुछ कहें।

एक नया आकाश चाहिए 39

पहला प्रश्न : *मैं वर्षों से पूजा कर रहा हूं, मगर हाथ कुछ नहीं आया। तीर्थ, व्रत, यात्रा सब कर चुका हूं, पर निष्फल। क्या मैं ऐसे ही अकारण जीऊंगा और अकारण ही मर जाऊंगा?*

आनंददास, सत्संग के बिना कोई पूजा नहीं है। सदगुरु के बिना कोई मंदिर का द्वार खुलेगा नहीं। पूजा तुमने की होगी बहुत, वह क्रियाकांड ही रही। पंडितों से सीखी होगी पूजा, और पंडित वे हैं जिन्हें स्वयं भी पूजा का कोई पता नहीं। शास्त्रों से सीखी होगी पूजा, शास्त्रों में शब्द हैं निश्चित, लेकिन सत्य नहीं। तुम लाश को ढोते रहे, तुम्हारा जीवंत व्यक्तित्व से संस्पर्श नहीं हुआ।

कृष्ण से मिलो तो नाच सकोगे, बुद्ध से मिलो तो ध्यान में उतर सकोगे; और कोई उपाय नहीं है। बुद्ध से तो लोग डरते हैं; कृष्ण से भयभीत हैं। कृष्ण की गीता पढ़ते हैं; बुद्ध की मूर्ति की पूजा करते हैं। मूर्ति में कोई प्राण तो नहीं हैं। मूर्ति निष्प्राण है, पूजा करते-करते तुम भी वैसे ही निष्प्राण हो जाओगे। पत्थरों के साथ रहोगे, पत्थर हो जाओगे। संग-साथ सोच कर करना।

फिर, तुम जो शब्द दोहराते रहे पूजा के नाम पर, उनमें तुम्हारे प्राण की अनुगूंज थी? तुम्हारे प्राण बोले थे? जिस ईश्वर को जाना नहीं, देखा नहीं, पहचाना नहीं, उस ईश्वर की तरफ जुड़े हुए हाथ सच कैसे हो सकते हैं? वे हाथ झूठे थे, वे हाथ पाखंड थे। इसलिए पूजा व्यर्थ गई।

पूजा कभी व्यर्थ नहीं जाती; निष्प्राण पूजा व्यर्थ जाती है। किन मंदिरों में तुमने पूजा की थी? किन तीर्थों में गए? उन मंदिरों में विराजमान था कोई? वे मंदिर खाली पड़े हैं।

लोग तो मंदिरों में जाते ही तब हैं जब मंदिर खाली हो जाते हैं। जब तक मंदिरों में

कोई दीया जलता है तब तक लोग दूर-दूर रहते हैं। दीये से डर लगता है। लपट पकड़ सकती है। दीये के पास तो पतंगे जा सकते हैं सिर्फ—मतवाले, दीवाने, पागल—जो अपने को निछावर कर सकें। कायर तो बाहर-बाहर होते हैं, जब तक दीया जलता है। जैसे ही दीया बुझा कि कायरों का मंदिरों में प्रवेश हो जाता है। फिर वे खूब घंटनाद करते हैं, आरतियां उतारते हैं। अब कोई भय नहीं है, अब भय का कोई कारण ही नहीं है।

जब नदी पूर पर होती है, बाढ़ पर होती है, तब तो तुम निकट नहीं आते; जब सूख ही जाती है नदी और रेत-ही-रेत रह जाती है, तब तुम अपनी नौका उतारते हो; फिर नौका आगे नहीं सरकती तो परेशान होते हो। फिर दोष नौका को देते हो। किसी बाढ़ में आई नदी का साथ खोजा होता, तो पूजा भी हो गई होती, प्रार्थना भी हो गई होती। किसी भरे मंदिर में गए होते, जहां मुहम्मद अभी जीवित हों, जहां कुरान अभी पैदा होती हो, जहां गोरख की वाणी अभी जग रही हो, जहां गोरख का अलख अभी जग रहा हो, ऐसी कोई जगह गए होते।

सूने मंदिर में दीप जलाकर क्या होगा?

मंदिर की पावन प्राचीरें जब फूट गईं,
चंदन से निर्मित देहरियां जब टूट गईं!
द्वारों पर बंदनवार सजाकर क्या होगा?
सूने मंदिर में दीप जलाकर क्या होगा?

जब भावों को कोई गुननेवाला न रहा,
जब गीतों को कोई सुननेवाला न रहा;
वीणा के टूटे तार मिलाकर क्या होगा?
सने मंदिर में दीप जलाकर क्या होगा?

मंदिर हैं, लेकिन मंदिर की सुषमा न रही,
सिंहासन हैं, सिंहासन पर प्रतिमा न रही!
सूने आसन पर फूल चढ़ाकर क्या होगा?
सूने मंदिर में दीप जलाकर क्या होगा?

सूने आसनों पर फूल चढ़ाए तुमने। मंदिरों में जरूर गए, लेकिन देर से गए।

जिन्हें भी सत्य पाना हो उन्हें तो कोई जीवंत किरण का साथ खोजना होगा। उस साथ का नाम सत्संग है। सत्संग के बिना सब अकारथ है।

पूछते हो: वर्षों से पूजा कर रहा हूं।

जन्मों से कर रहे होओगे, तुम्हें याद नहीं। वर्षों की तुम्हें याद है, इस जन्म की। जन्मों

से कर रहे होओगे, लेकिन झूठी हो गई सब पूजा, सब पाठ व्यर्थ हो गए, सब समय ऐसे ही बर्बाद हुआ। कारण? पूजा पूजा ही न थी। ओंठों पर शब्द थे, प्राणों में उन शब्दों के लिए सहारा न था। विश्वास से की थी पूजा, आस्था से नहीं। हिंदू-घर में पैदा हुए तो हिंदू-पूजा सीख ली थी, और मुसलमान-घर में पैदा हुए तो मुसलमान के विधि-विधान सीख लिए थे। वे सब दूसरों ने तुम्हें दिए थे, तुम्हारी अपनी तलाश न थी। और जो खुद न खोजा जाए वह सच कभी सच नहीं हो पाता। खुद खोजने की पीड़ा से ही सच मिलता है।

ऐसे ही समझो कि कोई स्त्री किसी बच्चे को गोद ले ले, तो बस धोखा-ही-धोखा है। वह मां कभी नहीं बन पाएगी। क्योंकि मां बनने की अनिवार्य प्रक्रिया से तो वंचित रह गई। किसी के प्रेम में पड़ना था। प्रेम की किसी गहन घड़ी में गर्भाधान होता, फिर नौ महीने की पीड़ा थी, गर्भ का बोझ था, फिर बच्चे के जन्म का सारा कष्ट झेलना था। वह तपश्चर्या थी। प्रेम, पीड़ा, बच्चे के जन्म की प्रसव-पीड़ा, इन सबके भीतर ही मातृत्व का जन्म होता है। तुमने सस्ता रास्ता खोजा। तुमने बच्चा उधार ले लिया। तो बच्चा 'मां' कहेगा, पर भ्रांति में मत पड़ जाना, तुम्हारे भीतर मातृत्व का जन्म नहीं होगा। यह औपचारिकता रहेगी।

ऐसी ही तुम्हारी पूजा है। तुम्हारे गर्भ से नहीं निकली; उधार-उधार है, बासी-बासी है; गोद ली हुई है। इसलिए चूक होती चली जाती है।

अब तुम कहते हो : *मगर कुछ हाथ नहीं आया।*

हाथ आता कैसे? और दूसरी बात, जो सच में ही पूजा करता है, उसे तो फिकर ही नहीं होती कि हाथ कुछ आया कि नहीं आया। यह फिकर तो गलत पूजा करनेवाले की ही फिकर है। जिसे पूजा आ गई, उसे सब हाथ आ गया, पूजा में ही सब हाथ आ गया। पूजा का फल पूजा से अतिरिक्त नहीं है, पूजा में ही है। प्रेम का फल प्रेम के पार नहीं है, प्रेम में ही है। प्रेम या पूजा किसी और साध्य के साधन नहीं हैं, स्वयं अपने साध्य हैं।

तुमने किसी को प्रेम किया, फिर क्या तुम यह कहते हो कि इतना प्रेम किया, हाथ कुछ नहीं लगा? प्रेम में तो मिल गई संपदा। अब और फल क्या चाहिए? जिसने प्रेम किया उसने पा ही लिया—प्रेम में ही पा लिया। प्रेम कोई बाजार तो नहीं है कि धंधा किया, फिर लाभ हुआ; लाभ पीछे हुआ। यह प्रेम का फल तो इसमें ही छिपा है। प्रेम स्वयं अपना फल है।

तुम्हारी पूजा प्रेम-शून्य रही, नहीं तो तुम यह सोचते ही नहीं कि हाथ कुछ न लगा। पूजा लग गई, नाचे, गाये, मग्न हुए—सब मिल गया, आकाश टूट पड़ा।

फल की आकांक्षा लोभ से पैदा होती है, और पूजा लोभ से पैदा नहीं हो सकती। इसलिए फलाकांक्षी कभी पूजा नहीं कर सकता, ध्यान नहीं कर सकता। फलाकांक्षी चूकता ही चला जाता है; उसकी फलाकांक्षा ही बाधा है। वह हमेशा पूछता है : इससे मिलेगा क्या? जीवन में कुछ चीजें ऐसी हैं जिनसे अगर तुमने पूछा कि फल क्या होगा, कि तुम चूके। गुलाब खिला, सुंदर है बहुत, सुबह की अभी ताजी-ताजी बूंदें उस पर चमकती हैं सूरज की किरणों में; और तुम पूछने लगे : हां, ठीक है, सुंदर है, मगर सौंदर्य का लाभ

क्या है? तो तुम चूके, वंचित रहे काव्य से। वह जो काव्य झर रहा था गुलाब के उस फूल के आस-पास, अदृश्य, वे जो अदृश्य परीलोक से उतर रही थीं सुंदरियां फूल की पंखड़ियों पर, तुम उनके प्रति अंधे हो गए। तुमने पूछा, लाभ क्या है? चांद निकला, सुंदर था बहुत, और तुमने पूछा, लाभ क्या है? तुम दुकान छोड़ते ही नहीं; तुम मंदिर में भी दुकान नहीं छोड़ते!

तुम पूछते हो: हाथ कुछ भी न आया।

इससे इतना ही पता चलता है कि पूजा का तुम्हें पता ही न चला, हाथ कैसे कुछ आता? पूजा मिली तो सब मिला। भक्तों ने तो भक्ति में इतना पा लिया, फिर बैकुंठ भी नहीं मांगा। कहा: सम्हालो अपना बैकुंठ। हमें तो तुम्हारा पूजन, तुम्हारा अर्चन काफी है। हम तो तुम्हारे गीत गाते रहें, इतना पर्याप्त; यही हमारा स्वर्ग।

कहते हो: तीर्थ, व्रत, यात्रा कर चुका हूं, पर निष्फल।

वह फल तुम्हारा पीछा नहीं छोड़ता।

क्या मैं ऐसे ही अकारथ जीऊंगा, अकारथ ही मर जाऊंगा?

यह फलाकांक्षा रही तो अकारथ ही जीओगे, अकारथ ही मरोगे। बहुत बार जीये हो, बहुत बार मरे हो। यह कोई तुम्हारी नई आदत नहीं, यह पुरानी तुम्हारी परंपरा है। सदियों-सदियों पुरानी है। यही तुम्हारा अतीत है।

लेकिन अभी भी कुछ हो सकता है। बात बदली जा सकती है। बिगड़ी बात बन सकती है।

एक तार टूट-टूट जाये तो
बीन को नवीन तार चाहिये!

था जिन्हें रखा बहुत संवार कर,
था जिन्हें रखा बहुत दुलार कर,
रंग एक बार के उतर गये,
फूल एक बार के बिखर गये।
बाग चुप रहा समय निहारकर,
किंतु, कह उठी पिकी पुकार कर
इक बहार रूठ-रूठ जाये तो
बाग को नई बहार चाहिये!
एक तार टूट-टूट जाये तो
बीन को नवीन तार चाहिये!

ताज आग का संवारता रहा,
पंथ भोर का निहारता रहा;

किंतु दीप की लगन बिखर गई,
स्नेह चुक गया शिखा सिहर गई!
दीप त्रस्त हो लगा गुहारने,
किंतु मृत्तिका लगी पुकारने—
एक स्नेह-कोष रीत जाये तो
स्नेह की नवीन धार चाहिये!
एक तार टूट-टूट जाये तो
बीन को नवीन तार चाहिये!

उड़ चला विहंग तृण लिये हुए,
प्यार का अकंप प्रण लिये हुए;
किंतु, क्रुद्ध आंधियां मचल गईं,
तृण बिखेर, नीड़ को कुचल गईं,
लुट गया विहंग, छा गई निशा,
किंतु फिर लगी पुकारने उषा—
एक नीड़ टूट-फूट जाये तो
डाल को नया सिंगार चाहिये।
एक तार टूट-टूट जाये तो
बीन को नवीन तार चाहिये!

प्राण स्वप्न-लोक में रमे रहे,
और, नींद में नयन लगे रहे!
पर, अजान ही हृदय धड़क उठा,
कांपते हुए खुले सजल पलक!
नींद ही रही न स्वप्न ही रहा,
किंतु, तप्त अश्रुधार ने कहा—
एक स्वप्न टूट-टूट जाये तो
आंख को नया खुमार चाहिये।
एक तार टूट-टूट जाये तो
बीन को नवीन तार चाहिये!

मैं तुम्हें सदा दुलारता रहा,
प्राण में बसा, संवारता रहा;
किंतु एक दिन कहार आ गये,
पालकी उठा तुम्हें लिवा गये!

हर शपथ ज्वलित अंगार हो गई,
जिंदगी असह्य भार हो गई;
जब हृदय लगा चिता संवारने,
व्योम के नखत लगे पुकारने;
एक मीत साथ छोड़ जाये तो
प्यार की नई पुकार चाहिये!
एक तार टूट-टूट जाये तो
बीन को नवीन तार चाहिये।

नई पूजा सीखो, नया अर्चन सीखो, नई थाप दो ढोलक पर। यह तार टूट गया, इस तार को फिर जमाओ। भूल पूजा की न थी, भूल तुम्हारी थी। भूल आंगन की न थी, तुम्हें नाचना ही न आया, और तुम समझे कि आंगन टेढ़ा है। अभी सब संवर सकता है, अभी फिर सब ठीक हो सकता है। अभी कुछ बिगड़ नहीं गया है, कभी कुछ बिगड़ नहीं गया है। जब भी घर लौट आए तभी समझना कि सबेरा है। देर-अबेर सही। अब तुम पुराने पूजा के ढांचे को छोड़ो।

यहां हम यही तो कर रहे हैं आनंददास। पूजा का ढांचा पैदा नहीं कर रहे, पूजा की एक भाव-तरंग। पूजा के लिए कोई ठोस व्यवस्था नहीं, सिर्फ पूजा का एक रंग; और उन्मुक्तता, और स्वतंत्रता, और प्रत्येक व्यक्ति को अपने कंठ से, अपने ढंग से, गा लेने की सुविधा।

और फिर मैं यह भी नहीं कहता कि ईश्वर को मानो। ईश्वर को मानने की कोई जरूरत ही नहीं है। मानोगे तो कैसे मान पाओगे? लेकिन चांद-तारे बहुत हैं नाचने के लिए। ईश्वर को बीच में लाओ भी क्यों? वृक्षों की हरियाली बहुत है नाचने के लिए। आकाश से उतरती सूरज की रोशनी बहुत है। ईश्वर को बीच में लाओ ही मत। मंदिरों में जाओ क्यों? सृष्टि काफी है। इससे सुंदर मंदिर और बन भी कैसे पाएंगे। नाचना सीखो, गुनगुनाना सीखो। एक खुमार टूट गया, टूट जाने दो—आंख को नया खुमार चाहिए! यहां हम खुमारी ही बांट रहे हैं। यह एक मधुशाला है, यहां थोड़ा पीयो!

और अगर तुम चांद-तारों के नीचे नाच सको, और सागर की उत्ताल तरंगों के साथ उन्मत्त हो सको, और वृक्षों के साथ हवाओं में डोल सको, तुम परमात्मा को पा लोगे, क्योंकि परमात्मा यहीं कहीं छिपा है—इसी हरियाली में, इन्हीं फूलों में, इन्हीं तारों में, इन्हीं चट्टानों की ओट में।

जीसस ने कहा है: उठाओ पत्थर को और उसके नीचे छुपा तुम मुझे पाओगे। तोड़ो इस लकड़ी को और इसके भीतर बसा तुम मुझे पाओगे।

लेकिन हम औपचारिक हैं। हम बैठते हैं पूजा का थाल सजाकर, एक मूर्ति बनाकर, धूप-दीप बालकर, संस्कृत का पाठ करते हैं। सब व्यर्थ हो जाता है। संस्कृत तुम्हारे हृदय से भी नहीं आती, उसका अर्थ भी तुम्हें मालूम नहीं है। कि मुसलमान है तो अरबी में पाठ

कर रहा है। उसे कुछ पता भी नहीं कि वह क्या कह रहा है। पराई भाषा बोल रहे हो, मुर्दा भाषा बोल रहे हो!

अपनी भाषा में बोलो। और हुए होंगे बड़े-बड़े पंडित और उन्होंने बड़े सुंदर प्रार्थना के पद रचे होंगे, मगर वे उधार हैं। तुम तुतलाओ सही, मगर अपनी ही भाषा में। तुम अपनी ही बात कहो, कम-से-कम परमात्मा के सामने तो तुम अपनी ही बात कहो।

देखते हो, मां के सामने उसका बेटा तुतलाता भी है तो खुश हो जाती है! कम-से-कम तुतलाहट उसकी अपनी तो है, अपने हृदय से आती है।

और किसी विश्वास के आधार पर मत करो ऐसा, नहीं तो तुम विश्वास के पीछे खोजते रहोगे फल नहीं मिला, अब तक फल नहीं मिला, फल कब मिलेगा? तुम्हारी नजर फल पर अटकी रहेगी और तुम चूकते चले जाओगे।

मैं तुम्हें कहता हूं कि जीवन एक उत्सव है। नास्तिक हो, चलेगा, कोई अड़चन नहीं है, जीवन के उत्सव को मानने में तो कोई अड़चन नहीं है, उत्सव तो हो ही रहा है। पक्षी तो गा रहे हैं; यही प्रार्थना है। वृक्ष तो मौन में खड़े ही हैं; यही ध्यान है।

जीवन के महोत्सव को थोड़ा समझो, जीवन में रस-विभोर होओ। छोड़ो सैद्धांतिक बातें, और एक दिन तुम पाओगे इसी रस-विभोरता से, इसी जीवन के उत्सव में रंगते, पकते, परमात्मा भी चला आया। तब पैदा होती है श्रद्धा, तब पैदा होती है आस्था, वह विश्वास नहीं है। और श्रद्धा मुक्तिदायी है। और श्रद्धा अमृत का स्वाद दे जाती है।

दूसरा प्रश्न: संसार में सब क्षणभंगुर है, इसलिए पकड़ें तो क्या पकड़ें?

राम कीर्ति, क्षणभंगुर में ही शाश्वत छिपा है। क्षणभंगुर को छोड़ा कि शाश्वत से भी चूके। जैसे लहर-लहर में सागर छिपा है, तुम लहर-लहर से बच गए, सागर से भी बच जाओगे। नाव छोड़ने के पहले अगर नाविक पूछे कि 'सागर कहां है? ये तो छोटी-मोटी लहरें हैं, इनमें कैसे नाव छोड़ूं? लहरों में कोई नाव छोड़ता, सागर कहां है? ये उथली छोटी-छोटी लहरें, इनका भरोसा भी क्या, अभी हैं अभी गईं, क्षण-भर तो टिकती नहीं, इनमें नाव छोड़ दूं? यह तो खतरा हो जाएगा। यह तो जोखिम की बात है। सागर कहां है? मैं तो सागर में नाव छोड़ूंगा।' तो फिर तुम बैठे रहना नाव रखे किनारे पर; तुम भी सड़ोगे, नाव भी सड़ेगी।

लहर के भीतर सागर ही है। लहर सागर ही है। छोड़ो नाव, लहर के नीचे ही सागर भी मिल जाएगा। क्षणभंगुर कह कर संसार की निंदा मत करो। क्षण उस शाश्वत की अभिव्यक्ति है। वही बोला है, वही झलका है, वही झांका है। तुम देखो जरा आंख खोलकर चारों तरफ, कितना सौंदर्य है, कितना छंद है, और तुम पिटी-पिटाई बातें लिए बैठे हो! तुम्हें कोई भी कहता रहा है कि संसार क्षणभंगुर है, तुमने सीख लिया, तोते की तरह रट ली यह बात: संसार क्षणभंगुर है!

46 जीवन संगीत

क्षण क्या है? क्षण शाश्वत की लहर है; शाश्वत में उठी तरंग है। तो क्षण में ही छिपा है शाश्वत, समय में ही छिपा है नित्य। भागो मत, डूबो। डुबकी मार दो क्षण में। लेकिन तुम्हें उल्टी बातें समझायी गई हैं। और इतने दिन तक समझायी गई हैं कि तुम्हें ठीक-ठीक लगने लगी हैं। बहुत बार दोहराने से झूठ भी सच मालूम होने लगते हैं।

इसलिए तो विज्ञापनदाता झूठों को दोहराए चले जाते हैं, दोहराते रहो; इसकी फिक्र ही नहीं करते कि कोई मानता है कि नहीं मानता। लोग अपने-आप मान ही लेते हैं। तुम तो दोहराते रहो कि लक्स टायलेट साबुन, सबसे अच्छी साबुन है। न कोई प्रमाण देने की जरूरत है। हजारों साबुन हैं, मगर तुम दोहराते रहो, इंगित देते रहो, इशारे देते रहो, जहां से भी आदमी गुजरे, अखबार खोले तो लक्स टायलेट साबुन दिखायी पड़े, रेडियो सुने तो लक्स टायलेट साबुन सुनायी पड़े, टेलीविजन पर जाए तो लक्स टायलेट साबुन दिखायी पड़े, रास्ते से गुजरे तो बड़े-बड़े बोर्ड लगे हैं। बस उसके मन पर गुंजाते रहो लक्स टायलेट साबुन, लक्स टायलेट साबुन।

एक दिन जब वह जाएगा खरीदने बाजार साबुन और दुकानदार पूछेगा, क्या? वह कहेगा लक्स टायलेट साबुन, और सोचेगा कि मैं खुद ही सोचकर कह रहा हूं। यह सोचा हुआ नहीं है। यह केवल संस्कारित है।

इसी तरह तुम धर्म भी दोहरा रहे हो। तुम्हारे धर्म में और तुम्हारे लक्स टायलेट साबुन में जरा भी भेद नहीं है। इसी तरह तुम प्रार्थना-पूजा भी कर रहे हो, इसी तरह तुम सिद्धांत की बड़ी-बड़ी ऊंची बातें भी छान रहे हो, मगर सब सुनी बकवास है। तुम्हारा अपना कोई भी अनुभव नहीं।

अब तुम कहते हो संसार में सब क्षणभंगुर है। जानते हो? क्षण में उतरे हो? क्षण में डुबकी मारी? क्षण के पीछे झांका, कौन खड़ा है परदे के पीछे? परदे के पीछे तो वही राम हैं। जरा टटोलो तो! नहीं, मगर मुर्दा बातें सदियों से दोहरायी गई, तुम्हें पकड़ लेती हैं। फिर तुम उन पर कभी पुनर्विचार नहीं करते। और जब एक दफा मान लिया कि संसार क्षणभंगर है तो तत्क्षण लोभी चित्त कहता है, तो क्षणभंगुर में क्या सार है? इसलिए पकड़ें तो क्या पकड़ें?

पकड़ने की जरूरत क्या है? उसने तुम्हें पकड़ा हुआ है, तुम उसे क्या पकड़ोगे? तुम उसके हाथ में हो। उसने तुम्हें जन्माया, वही तुम्हें जिलाता है, वही तुम्हें एक दिन उठा ले जाएगा। तुम उसे क्या पकड़ोगे? तुम्हें उसे पकड़ने की कोई जरूरत भी नहीं है। तुम पृथ्वी को तो नहीं पकड़ते। डरते तो नहीं कि कहीं पकड़ा नहीं पृथ्वी को तो छूट न जाएं, नहीं तो इतना अनंत आकाश है, गिर पड़ें कहीं!

छोटे-छोटे बच्चे ऐसा प्रश्न पूछते हैं कि जमीन गोल है, तो लोग गिर क्यों नहीं पड़ते? कम-से-कम अमरीका के लोग तो गिर ही जाएं, बिलकुल नीचे हैं, जमीन गोल है। और अमरीका के बच्चे पूछते हैं कि कम-से-कम भारत के लोग तो गिर जाएं, मगर कोई गिरता नहीं और कोई जमीन को पकड़े नहीं है। जमीन ने तुम्हें पकड़ा है, उसके गुरुत्वाकर्षण ने तुम्हें पकड़ा है।

और जैसे जमीन का अदृश्य गुरुत्वाकर्षण है, इससे भी ज्यादा अदृश्य परमात्मा का गुरुत्वाकर्षण है। वह तुम्हें पकड़े हुए है। तुम्हें उसे पकड़ने की कोई जरूरत नहीं है। और उसकी पकड़ ऐसी पकड़ है कि तुम्हें बांधती भी नहीं, तुम्हारे आसपास जंजीरें भी नहीं खड़ी करती। उसकी पकड़ ऐसी पकड़ है कि तुम्हें पूरी स्वतंत्रता भी दी हुई है। तुम्हें छोड़ भी नहीं दिया है और तुम्हें कारागृह में बंद भी नहीं कर दिया है। जैसे मां एक आंख से देखती रहती है बच्चा कहां खेल रहा है, छोड़ा भी हुआ है, लेकिन एकदम छोड़ भी नहीं दिया है। एक आंख उसका पीछा कर रही है। हजार काम में लगी रहती है, लेकिन हृदय में उसे स्मरण बना रहता है कि बच्चा बाहर खेल रहा है, कहीं दूर न निकल जाए, कहीं सड़क पर न पहुंच जाए, कहीं गाड़ी, घोड़े की चपेट में न आ जाए!

मनुष्य स्वतंत्र है और फिर भी कोई उसकी सुरक्षा कर रहा है प्रतिपल। वे हाथ तुम्हें सहारा दे रहे हैं। तुम्हें कुछ पकड़ने की जरूरत नहीं।

मगर लोभी मन कहता है : यहां तो सब क्षणभंगुर है! और मजा तुम देखना कि जिनको तुम समझते हो तुम्हारे साधु-संत, वे तुमसे ज्यादा लोभी हैं। उनका कारण क्या है संसार छोड़ देने का? यही कारण है : संसार क्षणभंगुर है। क्षणभंगुर से वे कहते हैं क्या सार पकड़ने में? हम तो पकड़ेंगे तो उसको पकड़ेंगे जो कभी छूटे न। तो तुममें और उनमें फर्क क्या हुआ? तुम जरा कम लोभी हो, वे जरा ज्यादा लोभी हैं। तुम कहते हो : हमारा क्षणभंगुर से ही चल जाएगा। वे कहते हैं : हमारा इससे नहीं चलेगा, हमें तो शाश्वत चाहिए। हमें तो जब तक पक्का भरोसा न हो जाए कि जो हमने पकड़ा वह सदा हमारे साथ रहेगा, तब तक हम जोखिम उठानेवाले नहीं।

इससे तो संसारी ही कम लोभी मालूम पड़ते हैं। तुम्हारे तथाकथित संत महालोभी हैं। उनकी इच्छा बैकुंठ की है। वे भी चाहते हैं कि सुंदर स्त्रियां उन्हें मिलें, लेकिन अप्सराएं—उर्वशी, मेनका—अप्सराएं, जो कभी वृद्ध नहीं होतीं और जो कभी बीमार नहीं होतीं और जो सदा जवान रहती हैं। वे भी चाहते हैं इन्हीं सारी वासनाओं की तृप्ति जो तुम चाहते हो। मगर वे चाहते हैं एक स्थिर आधार पर, जो सदा होती रहे। वे कल्पवृक्ष की तलाश कर रहे हैं, जिसके नीचे बैठकर जो चाहेंगे, जब चाहेंगे, उसी वक्त पूरा हो जाएगा। इनको तुम संत कहते हो! जरा इनके भीतर छिपी हुई वासना तो देखो। ये स्वर्ग में भी इरादे क्या रखते हैं?

मैंने सुना है, एक संत मरे। संत, जैसे संत होते हैं। संयोग की बात, दूसरे-तीसरे दिन उनका शिष्य भी मर गया। शिष्य तो चला स्वर्ग की तरफ बड़े पक्के भरोसे से कि गुरुदेव के मिलन का मौका आ रहा है, गुरु से मिलन होगा। सोचने लगा रास्ते में कि गुरु को कैसे बड़े-से-बड़े कल्प वृक्ष के नीचे बैठने का स्थान मिला होगा! थे भी बड़े तपस्वी। सब छोड़-छाड़ कर दिन-रात राम-राम, राम-राम, राम-राम जपा करते थे। अब राम ने दिया होगा फल भी पूरा। सबसे सुंदर स्त्री उर्वशी मिली होगी। दबा रही होगी पैर।

पहुंचा शिष्य। एक वृक्ष के नीचे बैठे थे गुरुदेव। पहले तो लंगोटी भी पहने रहते थे, अब तो नंगधड़ंग थे, लंगोटी भी गई। वे तो सब संसार की चीजें थीं, संसार में रह गईं।

नंगे आते हैं आदमी, नंगे जाते हैं। नंगधड़ंग बैठे थे कल्पवृक्ष के नीचे। खुश हो गया शिष्य। और इतना ही नहीं, एक युवती आलिंगन कर रही थी। बड़ी सुंदर युवती! होगी जरूर उर्वशी।

एकदम साष्टांग दंडवत की गुरु के चरणों में गिरकर, कहा कि गुरुदेव, धन्य हैं! मैं तो पहले से ही जानता था कि ऐसे ही सुख आपको मिलेंगे। पुण्य भी तो किए थे, व्रत भी तो किए थे, नियम-उपवास, तीर्थयात्रा, सब तो किया था। मिलना ही था। यह तो आपका हक था।

गुरुदेव ने कहा: तू चुप रह नालायक! तुझमें अभी भी अकल नहीं आई। तू पहले ही जैसी नालायकी की बातें कर रहा है।

शिष्य ने कहा कि कैसे चुप रहूं, अपनी आंख से देख रहा हूं कि आपको आपके पुण्यों का पुरस्कार मिल रहा है।

गुरु ने कहा: चुप रह! यह मेरे पुण्यों का पुरस्कार नहीं मिल रहा है, यह इस स्त्री को इसके पापों का दंड मिल रहा है। यह स्त्री मेरे पुण्यों का पुरस्कार नहीं है, मैं इसके पापों का दंड हूं। तू चुप रह, बीच में मत बोल। यह स्त्री को सताने का उपाय किया गया है।

अब संत के साथ पकड़ा दो किसी स्त्री को, इससे ज्यादा और सताने का उपाय और क्या हो सकता है? मगर गुरु नाराज है कि तू चुप रह नासमझ। क्रोधित है।

चाहते क्या हो तुम स्वर्ग में? अगर तुम शास्त्रों को खोलकर देखो तो तुम हैरान हो जाओगे। किन्हीं कामियों ने लिखे होंगे। स्वर्ग में चश्मे बह रहे हैं शराब के! सुंदर स्त्रियां हैं, स्वर्ण के फूल खिलते हैं, हीरे-जवाहरात रास्तों पर बिछे हैं। ये किनकी कल्पनायें हैं? ये रुग्ण कल्पनायें किनकी हैं? ये लोभ से भरे हुए लोग क्षणभंगुर को छोड़ना चाहते हैं, शाश्वत को पाना चाहते हैं।

मैं तुमसे कुछ और ही बात कह रहा हूं। मैं तुमसे कह रहा हूं: शाश्वत इस क्षणभंगुर से भिन्न नहीं है। परमात्मा प्रकृति से भिन्न नहीं है; इसी में लीन है; इसी में समाविष्ट है। स्रष्टा-सृष्टि में भेद नहीं है। जैसे नर्तक अपने नृत्य में समाया होता है, ऐसे ही स्रष्टा अपनी सृष्टि में समाया हुआ है।

जिस दिन तुम्हें यह समझ में आ जाएगा, यह क्षणभंगुरता और यह शाश्वतता और ये सारे द्वैत, और द्वंद्व तुम्हारे मन से गिर जायेंगे, फिर पल-पल आनंद है। क्योंकि प्रतिपल वही मौजूद है। थोड़ा अपने को बदलो, देखने का ढंग बदलो।

मत पूछो, यह उन्माद चलेगा कब तक?
संगीत उमड़ने दो स्वर्णिम तारों में,
खो जाने दो दुनिया इन झनकारों में।
झूमे जाओ, क्षण भर भी मत यह पूछो,
छवि की पायल का नाद चलेगा कब तक?
मत पूछो, यह उन्माद चलेगा कब तक?

नभ में चांदी का ज्वार उमड़ता देखो,
मेघों का शशि पर प्यार उमड़ता देखो,
मत पूछो मुग्ध चकोरी के नयनों से,
विस्तृत अंबर में चांद चलेगा कब तक?
मत पूछो, यह उन्माद चलेगा कब तक?

साकीबाला की मस्त निगाहें देखो,
बेसुध पीनेवालों की चाहें देखो,
मधु पीनेवालों की मादक महफिल में—
मत पूछो, हालावाद चलेगा कब तक?
मत पूछो, यह उन्माद चलेगा कब तक?

शृंगार तुम्हें खलता है तो खलने दो,
अभिसार तुम्हें खलता है तो खलने दो;
अपराध समझते रहो प्यार को, लेकिन,
मत पूछो, यह अपराध चलेगा कब तक?
मत पूछो, यह उन्माद चलेगा कब तक?

शाश्वत है यह प्रक्रिया क्षणभंगुरता की। यह कभी खंडित नहीं हुई, अखंड है यह धारा। सदा से है और सदा रहेगी। ये तरंगें उठती ही रहेंगी।

मत पूछो, यह उन्माद चलेगा कब तक?

तुम डूबो इस उन्माद में। यह जो नृत्य है, यह जो मादक अस्तित्व है, इसमें मस्त होओ।

मैं तुम्हें उदासी सिखाने को नहीं हूं। मैं तुम्हें संगीत देना चाहता हूं। लेकिन मैं जानता हूं तुम्हारी अड़चन। तुम्हें उदास चित्त लोगों ने बहुत प्रभावित किया है। सदियों से धर्म के नाम पर तुम्हें जीवन का निषेध सिखाया गया है, जीवन का विरोध सिखाया गया है। सब पाप है। प्रेम पाप है, संबंध पाप है। मैत्री पाप है। नाता-रिश्ता पाप है। सब पाप है। तुम पाप से घिर गए हो। नहीं कि सब पाप है, लेकिन तुम्हारी धारणाओं में सब पाप हो गया है। जो छुओ वही गलत है। जो करो वही गलत है। तुम नकार से घिर गए। तुम्हारी फांसी लग गई है नकार में।

मैं तुम्हें नकार से मुक्त करना चाहता हूं। मैं कहता हूं : यह क्षणभंगुर भी उस शाश्वत की ही लीला है। यह उसका ही रास है। वही नाच रहा है इसके मध्य में। तुम्हें दिखायी पड़े न दिखायी पड़े, मगर नाच में तो सम्मिलित हो जाओ। नाच में सम्मिलित होते-होते ही वह आंख भी खुलेगी जिससे तुम्हें वह दिखायी पड़ने लगेगा।

और पकड़ने की बात ही मत पूछो, पकड़ना क्या है? न पकड़ना है कुछ, न छोड़ना है कुछ। पकड़ना-छोड़ना व्यर्थ की बात है। जीना है। जल में कमलवत जीयो! न पकड़ो

न छोड़ो। पकड़ो तो फिर छोड़ने का उपद्रव शुरू होता है। जो पकड़ लेते हैं, फिर उनके मन में चिंता पकड़ती है कि पकड़ लिया, अब कहीं नर्क न भोगना पड़े, तो छोड़ें। छोड़कर भाग जाते हैं, उनके मन से भी पकड़ नहीं जाती, क्योंकि छोड़ते जिसको हैं उसके प्रति राग तो था, रंग तो था, रस तो था। छोड़ तो आए हैं, लेकिन घाव पीछे रह गये। फिर घाव में पीड़ा उठती है। रह-रह कर भाव उठते हैं, वापिस लौट जाएं।

बड़ी अजीब है यह दुनिया। जिनके पास है, वे सोचते हैं मजे में होंगे वे लोग जिन्होंने सब छोड़ दिया है। और जिन्होंने सब छोड़ दिया है वे बेचैन हैं कि सारा संसार मजा कर रहा है, एक हम ही छोड़ बैठे हैं, पता नहीं हमने कोई गलती न की हो! ऐसी अदभुत है यह दुनिया। ऐसी विरोधाभासी है। यहां सम्राट सोचते हैं फकीर मजे में हैं। यहां फकीर सोचते हैं सम्राट मजे में हैं।

मैं तुमसे क्या कहना चाहता हूं? मैं तुमसे यह कहना चाहता हूं कि तुम जहां हो वहीं मजे में हो जाओ। न फकीर बनने की जरूरत है, न सम्राट बनने की जरूरत है। सम्राट हो तो भी ठीक चलेगा। फकीर हो तो भी चलेगा। न फकीरी पकड़ो न बादशाहत पकड़ो। पकड़ो मत! जो है, जो उपलब्ध हुआ है, उसे प्रभु का प्रसाद समझकर स्वीकार करो। और जल में कमलवत रहना सीखो। रहो जल में, लेकिन जल छुए न।

पकड़ने-छोड़ने की बात नहीं है, अस्पर्शित रहने की बात है। और उस प्रक्रिया को ही मैं ध्यान कहता हूं। सब करते रहोगे संसार का कृत्य—काम, बाजार, दुकान—और भीतर कोई दूर पारदर्शक बना बैठा रहेगा! साक्षी! देखता रहेगा। उस दर्शक को, उस साक्षी को, उस द्रष्टा को कुछ भी न छूएगा। बाजार होगा तो बाजार को देखेगा और हिमालय की शांत तराइयां होंगी, घाटियां होंगी, तो हिमालय की शांत घाटियां देखेगा। दर्शक अलग ही खड़ा है। शोरगुल होगा तो शोरगुल सुनेगा, संगीत होगा तो संगीत सुनेगा, मगर सुननेवाला अलग है, पृथक है। न तो सुननेवाला शोरगुल होता है न संगीत होता है। सुख आए तो सुख, दुख आए तो दुख। सफलता, विफलता, चुपचाप देखते रहो। और जो परमात्मा दे उससे अन्यथा न मांगो। शिकायत न उठाओ। शिकायत का न उठाना ही प्रार्थना का असली स्वभाव है। वही प्रार्थना का वास्तविक रूप है। वही सप्राण प्रार्थना है।

शिकायत न उठे। धन्यवाद बना रहे। दुख में भी धन्यवाद बना रहे। क्योंकि दिया है उसने, तो सकारण होगा। हम न समझ पाते होंगे। हम न पहचान पाते होंगे। लेकिन जरूर दुख में से भी कुछ निष्पन्न होता होगा—कोई प्रौढ़ता आती होगी, कोई परिपक्वता आती होगी, कुछ ज्ञान का जन्म होता होगा। हर पीड़ा प्रसव-पीड़ा है, ऐसी भाव-दशा बन जाए तो प्रार्थना।

•

तीसरा प्रश्नः बंबई की किसी होटल के प्रांगण में स्थापित जैन तीर्थंकर की नग्न प्रतिमा को चड्ढी पहनाई गई, ऐसा आपने बताया। मैं जानना चाहता हूं कि चड्ढी पहनाने का कार्य किसने किया?

यह तो बड़ा कठिन सवाल है। मैं कोई शरलक होम्ज तो नहीं और न ही कोई लाल बुझक्कड़ हूं। अब यह मैं कैसे पता लगाऊं कि किसने चड्ढी पहनायी।

तुमने कहानी तो सुनी होगी न, कि एक गांव में चोरी हो गई, बड़ी तलाश हुई कुछ पता न चले। सारे गांव के लोगों से पूछा गया। फिर लोगों ने कहा कि भई गांव में हमारे एक लाल बुझक्कड़ हैं, वे हर चीज को बूझ देते हैं। अब तो उन्हीं के बस की बात है। बुलाये गए लाल बुझक्कड़। वे आए बराबर शेरवानी, चूड़ीदार पाजामा, अचकन, गांधी टोपी, बिलकुल मोरारजी भाई देसाई मालूम होते थे। इंस्पेक्टर भी समझा कि हैं तो कोई पहुंचे हुए नेता, जरूर ठीक ही कुछ जवाब देंगे। लाल बुझक्कड़ आकर खड़े हो गए। इंस्पेक्टर ने पूछा कि आप बता सकते हैं, चोरी किसने की? लाल बुझक्कड़ ने आंख बंद करके कुछ सोचा और कहा : बता सकता हूं, लेकिन एकांत में। और यह कानोंकान किसी और को खबर न हो, जो मैंने बताया।

यह बात भी इंस्पेक्टर को समझ में आई, क्योंकि कौन झंझट मोल ले। मगर चलो पता तो चल जाए आदमी का, फिर देखा जाएगा। लाल बुझक्कड़ ले गए उन्हें दीवाल की ओट में। चारों तरफ देखा, कोई भी नहीं है। कान के पास मुंह लाए, मुंह लगाकर कान में कहा कि ऐसा मालूम होता है, किसी चोर ने चोरी की है।

इससे क्या हल होगा? यह तो किसी को भी पता है कि किसी चोर ने चोरी की। अब किसी चड्ढी पहनानेवाले ने चड्ढी पहनाई होगी। ज्यादा से ज्यादा इतना ही हो सकता है कि कोई चड्ढी का भक्त रहा होगा। कोई चड्ढीवादी रहा होगा।

इसलिए तो मैंने कहा कि अभी तो चल रही है चड्ढी की राजनीति। वे जो राष्ट्रीय स्वयंसेवक संघ के लोग हैं वे चड्ढीवादी हैं। अभी तो मोरारजी की भी शेरवानी के पीछे चड्ढी का ही सहारा है। किसी चड्ढीवाले ने ही पहनायी होगी।

मगर कुछ बातें अनुमान की जा सकती हैं कि चड्ढी नहीं रही होगी, क्योंकि बीस फीट की प्रतिमा को पहनाया हुआ पाजामा चड्ढी जैसा मालूम पड़ता होगा। अब बीस फीट की प्रतिमा...। लेकिन जिसने भी पहनाया होगा बड़ा नीतिवादी रहा होगा, कि तीर्थंकर महाराज नग्न खड़े हैं, अच्छा नहीं मालूम होता, भद्द होती है। और विदेशी फोटो निकाले ले जा रहे हैं, तो विदेशों में भारत की प्रतिमा खंडित होगी! क्या लोग कहेंगे! और विदेशियों को कुछ पता तो है नहीं, वे तो समझते ही नहीं कि कौन हैं तीर्थंकर। उन्होंने तो नाम ही रखा है : मिस्टर तीर्थंकर! जो भी आता है विदेशी, वही कहता है कि चलो मिस्टर तीर्थंकर की फोटो ले लें। विदेशी पूछते भी हैं कि मिस्टर तीर्थंकर नंगे क्यों खड़े हैं? उल्टे-सीधे सवाल...। अब उनको क्या पता? और जवाब भी क्या दो? और उनका सारा रस इस बात में है कि वे नग्न खड़े हैं। और किसी नीतिवादी को, किसी भारतीय संस्कृति की रक्षा करनेवाले को आ गया होगा खयाल कि पहना दो चड्ढी।

मगर मैं कहता हूं कि चड्ढी न पहनाकर अगर चूड़ीदार पाजामा पहनाया होता तो ज्यादा अच्छा रहता, क्योंकि चड्ढी किसी ने भी फाड़ दी...। चूड़ीदार पाजामा पहनाओ तो कठिन, उतारो तो कठिन। यही उसकी खूबी है, दो घंटा पहनने में लगते हैं, दो घंटा उतारने में

लगते हैं। सिर्फ नेता लोग ही पहन सकते हैं, बाकी तो फुरसत भी किसको है दो घंटा उतारो, दो घंटा पहनो!

तुम पूछते हो : किसने?

तो मुझे एक और कहानी याद आती है। एक स्कूल में अचानक ही इंस्पेक्टर आ गया। जैसा स्कूलों में चलता है भारत के, शिक्षक अपने पैर पसारे टेबिल पर अखबार पढ़ रहा था। कुछ लड़के ताश खेल रहे थे पीछे। कुछ लड़के कागज के तीर बनाकर लड़कियों पर फेंक रहे थे। कुछ लड़कियों को चोंटियां ले रहे थे। यह सब काम चल रहा था। मतलब भारतीय संस्कृति पूरी तरह से अपना काम कर रही थी। अचानक इंस्पेक्टर आ गया, चौंक कर, शिक्षक भी घबड़ाया, जल्दी से अखबार रखा। इंस्पेक्टर ने पूछा कि क्या चल रहा है? अब और कुछ सूझा भी नहीं, भारतीय संस्कृति के लोग, तो उसने कहा कि धर्म की कक्षा है।

'क्या पढ़ाया जा रहा है?'

अब क्या धर्म की कक्षा में...एकदम से उसको कुछ सूझा नहीं। उसने सोचा : कुछ तो बता ही देना चाहिए, जो बच्चों को आता भी हो। उसने कहा : रामचंद्र जी की कथा पढ़ाई जा रही है।

उसने कहा : अच्छा ठीक। बच्चों से पूछा कि बताओ तुम बच्चो कि जब स्वयंवर हुआ, शिवजी का धनुष किसने तोड़ा था? सब बच्चे एक-दूसरे की तरफ देखने लगे, इधर-उधर झांकने लगे। एक बच्चा बहुत सकपकाया-सा मालूम पड़ रहा था; सबसे ज्यादा डरा हुआ मालूम पड़ रहा था। एकदम कंपने ही लगा। इंस्पेक्टर ने उससे पूछा कि तू बोल, किसने धनुष तोड़ा शिवजी का?

उसने कहा : एक बात मैं आपसे कह दूं पहले, मैं तीन दिन से बीमार था, मैं स्कूल आया ही नहीं। किसी और ने ही तोड़ा होगा। मेरा इसमें बिलकुल हाथ नहीं, नहीं तो हमेशा मैं ही फंस जाता हूं। कुछ भी चीज टूट-फूट जाए तो मुझे पकड़ लेते हैं, इसीलिए मैं कंप रहा हूं, डर रहा हूं कि अब यह झंझट आयी। फिर टूट गई कोई चीज।

इंस्पेक्टर तो बहुत हैरान हुआ। उसने कहा : यह तो हद की धर्म की कक्षा चल रही है! उसने शिक्षक से पूछा कि आप क्या कहते हैं? शिक्षक ने कहा, हो न हो, इसी शैतान ने तोड़ा है। यह बात सच है कि तीन दिन से नहीं आया, शायद इसीलिए न आया हो। तोड़कर भागा गया हो। यह बदमाश है। यह शरारती है। मैं इसके बाप को भी जानता, इसके बाप के भी बाप को जानता। गांव-भर इनसे परेशान है।

तब तो हद हो गई। इंस्पेक्टर ने कहा : यह तो खूब धर्म की कक्षा चल रही है! अब कहने को कुछ बचा ही नहीं। वह गया सीधा प्रधान अध्यापक के पास, जाकर उसने यह कहानी सुनाई कि सुनो। प्रधान अध्यापक ने कहा : अब जाने भी दो, जिसने तोड़ा हो तोड़ा हो, सुधरवा देंगे। अब जो कुछ खर्चा होगा सो हो जाएगा। अब इसको ज्यादा तूल मत दो। अब बात को ज्यादा मत बढ़ाओ! टूट गया टूट गया। जुड़ जाएगा। अब स्कूल है, इतने बच्चे हैं, चीजें टूटती-फूटती रहती हैं।

तुम मुझसे पूछ रहे हो कि यह चड्ढी किसने पहनायी? मैंने नहीं पहनायी। मैं तो इस आश्रम के बाहर पांच साल से नहीं गया हूं। इतना भर तुमसे कह सकता हूं। अब बाकी किसने पहनायी, तुम पता लगा ले सकते हो। मगर तुम्हारी मूढ़ता ने ही पहनायी है।

यह देश बड़ा मूढ़ हो गया है। इस देश ने कभी गौरव के दिन भी देखे हैं, कभी महिमामंडित दिन भी देखे हैं। तब इसने खजुराहो बनाए थे, कोणार्क बनाया था, पुरी के और भुवनेश्वर के मंदिर बनाए थे। वे जीवन के मंदिर थे, उमंग के मंदिर थे, उत्सव के मंदिर थे। नाच-नृत्य-गीत! वे प्रेम के मंदिर थे। फिर यह देश पतित हुआ। यह देश बूढ़ा हुआ, सड़ा। फिर यह भूल ही गया जीवन की तरंगें। जीवन का खुमार उतर गया। लोग बस यही सोचने लगे कैसे भवसागर से पार हो जाएं, आवागमन से कैसे छुटकारा हो? लोग मरणवादी हो गए। लोग आत्मघाती हो गए। जिसको तुम आवागमन से छुटकारा कहते हो, वह कोई तुम्हारी धार्मिक भाव-दशा नहीं है, वह सिर्फ तुम्हारी आत्मघाती वृत्ति है।

यह देश पतित हुआ। इसने अपने शिखर खो दिए सूर्यमंडित। यह बहुत नीची तराइयों में उतर गया। वहां से अब इसको सिवाय मृत्यु के कुछ भी नहीं सूझता है। यह बहुत डर गया है। यह हर चीज से भयभीत है। यह मनुष्य की प्रकृति से भयभीत है। यह किसी प्राकृतिक तत्व को स्वीकृति नहीं देना चाहता।

अब नग्नता मनुष्य की प्राकृतिकता है। इसमें क्या भय है? हिम्मतवर रहे होंगे वे लोग, जब महावीर नग्न हुए और उनके साथ हजारों लोग नग्न हो गए! और हिम्मतवर रहे होंगे वे लोग जिन्होंने उन्हें स्वीकार किया, सम्मान दिया। और पुरुषों में ही नहीं, तुम जानकर चकित होओगे, कश्मीर में एक अदभुत महिला हुई, लल्ला, नग्न रही। पुरुष नग्न रह जाएं, यह तो ठीक; लेकिन स्त्री को तो और भी लाज-संकोच पकड़ता है। लेकिन लल्ला महावीर जैसी स्त्री थी। बस महावीर की तुलना में लल्ला को ही रखा जा सकता है सारी दुनिया के इतिहास में। और कश्मीर ने बहुत सम्मान दिया लल्ला को। कश्मीर में लोग कहते हैं: हम तो दो ही शब्द जानते हैं—अल्लाह और लल्लाह। बस दो ही शब्द पहचानते हैं। दो को ही हमने आदर दिया है। एक नग्न स्त्री को! और लल्ला बड़ी सुंदर स्त्री थी, कश्मीरी थी! और बड़ी सुंदर स्त्री थी। और एक और सौंदर्य पैदा होता है जब कोई व्यक्ति समाधिस्थ हो जाता है। लल्ला समाधिस्थ थी। तब एक अपूर्व प्रसाद बरसता है। फिर साधारण सौंदर्य नहीं रह जाता, पारलौकिक हो जाता है।

उस अपूर्व सुंदर स्त्री को नग्न देखकर भी लोगों ने कुछ विरोध न किया। लोग सम्मान में झुके। जिंदा लोग थे। अभी कौम की रगों में खून दौड़ता था। अभी कौम जीवन को, प्रकृति को, अंगीकार करती थी, नैसर्गिक थी। अब हालत बिगड़ गई है। अब हालत बुरी है। जब भी कोई कौम बहुत पतित हो जाती है तो जीवन में जड़ें खो देती है, और मृत्यु में सहारा खोजने लगती है।

इसलिये मुझ पर लोग नाराज हैं। क्योंकि मैं चाहूंगा खजुराहो के मंदिर फिर बनें। मैं चाहूंगा खजुराहो के मंदिर में फिर आरती उतरे, फिर दीप जलें। वे सिर्फ खंडहर न रह जायें। मैं चाहूंगा कि महावीर और लल्ला जैसे अदभुत पुरुष-स्त्रियां फिर इस पृथ्वी पर हों।

मैं इस देश को फिर से युवा करना चाहता हूं। लेकिन बूढ़े नाराज हैं, बहुत नाराज हैं! पंडित, पुरोहित, पुरातनवादी बहुत नाराज हैं। उन्हें लगता है : मैं धर्म भ्रष्ट कर रहा हूं। उन्हें पता ही नहीं। उन्हें अपनी संस्कृति का भी पता नहीं।

मोरारजी देसाई कहते हैं कि मेरी मौजूदगी भारत की प्रतिमा के लिये बड़ी घातक है; मेरी खबर दुनिया में नहीं जानी चाहिये, नहीं तो भारत की प्रतिमा गिर जायेगी।

थोड़ा भारत का इतिहास तो उठा कर देखो! अभी-अभी एक चार-छः दिन पहले अखबारों में खबरें आयी हैं कि चित्रकूट के पास एक छोटा-सा नया खजुराहो मिल गया है। जंगलों में दबा पड़ा था खंडहरों में। यह खजुराहो से भी ज्यादा महत्वपूर्ण जगह है, क्योंकि इसका मूल्य इसलिये है कि खजुराहो में तो जो नग्न आलिंगन मैथुन की प्रतिमायें, प्रेम की, उल्लास की, आनंद की, वे नर-नारियों की हैं। चित्रकूट में जो मंदिर मिला है, उसके मंदिर पर जो प्रतिमायें हैं वे देवी-देवताओं की हैं। वे भी नग्न हैं। वे भी आह्लाद में मग्न हैं। वे भी प्रेम में, आलिंगन में आबद्ध हैं। मिथुन-प्रतिमायें हैं देवी-देवताओं की! ये तो और खतरनाक हैं। मोरारजी भाई के पैर के नीचे की जमीन तो और खिसक जायेगी कि खजुराहो ही ठीक था, कम से कम आदमी थे। आदमी को कहा जा सकता है कि आदमी ही हैं, भ्रष्ट रहे होंगे। मगर ये देवी-देवताओं की प्रतिमायें हैं।

तुम जरा अपने पुराण उठाकर देखो। वे जीवंत थे दिन। उन पुराणों में तुम्हें कहानियां मिल जायेंगी कि कभी-कभी वे स्वर्ग के देवता पृथ्वी की किसी स्त्री पर मोहित हो जाते। स्वर्ग के देवता छिपकर कभी पृथ्वी की किसी स्त्री के प्रेम में पड़ जाते! लेकिन फिर भी हमने उन्हें पुराणों में देवताओं को इंकार नहीं किया, स्वीकार रखा। इसको हमने सौभाग्य समझा कि पृथ्वी के प्रेम में कभी-कभी कोई देवता पड़ जाये, यह हमारी पृथ्वी का धन्यभाग है। इसमें कुछ हमने अनीति नहीं समझी। इसे हमने पृथ्वी का गौरव समझा।

अब अगर मोरारजी भाई को मिल जाये यह किताब तो वे काट ही दें इस लकीर को कि यह तो बात बहुत ही गलत हो गई कि देवता भी और भ्रष्ट! देवता भी पृथ्वी की स्त्रियों के प्रेम में पड़ते हैं!

और ऐसा इकतरफा नहीं था। कभी-कभी अप्सरायें आकाश की पृथ्वी के प्रेम में पड़ जाती थीं। उर्वशी उतरी, पुरुरवा के प्रेम में पड़ गई। तब पृथ्वी और आकाश बहुत करीब-करीब थे, मालूम होता है। इतना फासला नहीं था। लोग आते-जाते थे।

ये प्रतीक कहानियां बड़ी मधुर हैं। और तुम अगर अपने पुराणों में जाओगे—जिनमें तुम जाते भी नहीं, जिनकी तुम चाहो तो कभी-कभी पूजा कर लेते हो, दो फूल चढ़ा देते हो, चंदन लगा देते हो और भूल जाते हो।

तुम्हें ज्ञात है कि शंकर का शिवलिंग कैसे पैदा हुआ? पुराणों में क्या कथा है? और अगर मेरी मौजूदगी भारत की प्रतिमा को खंडित कर रही है तो ये शिवलिंग जो सारे देश में फैले हुए हैं, इनका क्या करोगे? मोरारजी भाई, हर शिवलिंग के पास एक पुलिसवाले को खड़ा कर दो कि कोई तस्वीर न उतार ले। और पुराण जिसमें इनकी कथाएं हैं, उनको जला दो। क्योंकि पुराण में जो कथा है, बहुत अदभुत है।

एक नया आकाश चाहिए 55

पुराण में कथा यह है कि विष्णु और ब्रह्मा में किसी बात पर विवाद हो गया। विवाद इतना बढ़ गया कि कोई हल का रास्ता न दिखायी पड़ा, तो उन्होंने कहा कि हम चलें और शिवजी से पूछ लें, उनको निर्णायक बना दें। वे जो कहेंगे हम मान लेंगे।

तो दोनों गए। इतने गुस्से में थे, विवाद इतना तेज था कि द्वार पर दस्तक भी न दी, सीधे अंदर चले गए। शिव पार्वती को प्रेम कर रहे हैं। वे अपने प्रेम में इतने मस्त हैं कि कौन आया कौन गया, इसकी उन्हें फिक्र ही नहीं है। ब्रह्मा-विष्णु थोड़ी देर खड़े रहे, घड़ी-आधा-घड़ी, घड़ी पर घड़ी बीतने लगी और उनके प्रेम में लवलीनता जारी है। वे एक-दूसरे में डूबे हैं। भूल ही गए अपना विवाद ब्रह्मा और विष्णु और दोनों ने यह शिवजी के ऊपर दोषारोपण किया कि हम खड़े हैं, हमारा अपमान हो रहा है और शिव ने हमारी तरफ चेहरा भी करके नहीं देखा। तो हम यह अभिशाप देते हैं कि तुम सदा ही जननेंद्रियों के प्रतीक-रूप में ही जाने जाओगे।

इसलिए शिवलिंग बना। तुम्हारी प्रतिमा कोई नहीं बनाएगा। तुम जननेंद्रिय के ही रूप में ही बनाए जाओगे। वही तुम्हारा प्रतीक होगा। यही हमारा अभिशाप है, ताकि यह बात सदा याद रहे कि हम आए थे, लेकिन तुम अपने प्रेम में इतने लीन थे कि तुमने हमारी उपेक्षा की।

इन पुराणों का क्या करोगे? और ये कोई इक्की-दुक्की कथाएं नहीं हैं, ये सारे पुराणों में फैली हैं। मगर ये बड़े और तरह के लोग रहे होंगे, जो जीवन को अंगीकार करते थे। ये और तरह के लोग रहे होंगे, जो छोटी-छोटी बात में रो-रो कर नहीं कहने लगते थे : जीवन क्षणभंगुर है! जो छोटी-छोटी बात में रो-रो कर नहीं कहने लगते थे : हे प्रभु, उठा लो अब! इस संसार से छुटकारा दिला दो! ये लोग थे, जो स्वीकार करते थे कि परमात्मा ने संसार में भेजा है तो यह परीक्षण है, यह शिक्षण है; इससे गुजरना है। और इससे जितनी मस्ती से हम गुजर सकें उतना अच्छा है।

तो जिसने भी यह चड्डी पहना दी हो तीर्थंकर की प्रतिमा को, रहा होगा कोई नीतिवादी, कोई गांधीवादी, रहा होगा कोई दकियानूसी, सड़ा-गला दिमागवाला।

तुम्हें यह जानकर हैरानी होगी कि पुरुषोत्तमदास टंडन ने महात्मा गांधी को यह सलाह दी थी कि खजुराहो और कोणार्क के मंदिरों को मिट्टी में दबा देना चाहिए, क्योंकि इनसे भारत की प्रतिमा खंडित होती है। महात्मा गांधी राजी भी थे। यह तो सौभाग्य की बात है कि रवींद्रनाथ ठाकुर ने बहुत विरोध किया कि यह तो बात गलत है। ये प्रतिमायें तो अपूर्व सौंदर्य की प्रतीक हैं। ये तो मनुष्य के प्रति मनुष्य के प्रेम के ज्वलंत उदाहरण हैं। ये प्रतिमाएं अश्लील नहीं हैं। रवींद्रनाथ ने यह इतने आग्रहपूर्वक कहा कि ये प्रतिमाएं अश्लील नहीं हैं, ये प्रतिमाएं अत्यंत उद्दाम हैं! इनके चेहरे पर भाव तो देखो! पत्थर पर समाधि को अगर खोदने में कभी भी कोई कलाकार कहीं समर्थ हुए हैं तो खजुराहो में समर्थ हुए हैं।

रवींद्रनाथ के अति विरोध के कारण यह बात रुकी, अन्यथा गांधीजी तो राजी थे कि इनको मिट्टी में दबा दिया जाए, बड़े चबूतरे बना दिये जाएं मंदिरों के ऊपर, कभी-कभार सदियों में एकाध बार किसी विशिष्ट अतिथि को दिखाने के लिए अगर खोदना हो तो

खोद कर मिट्टी साफ करके दर्शन करा देना। ऐतिहासिक रूप में ये प्रमाण रहेंगे, लेकिन ये पृथ्वी से मिटा दिए जाने चाहिए, छिपा दिए जाने चाहिए।

ऐसी कौम अगर मर जाए तो फिर आश्चर्य नहीं होना चाहिए। फिर स्वाभाविक है मृत्यु।

मैं चाहता हूं कि हम जीवन जैसा है, जैसा परमात्मा ने दिया है, उसको वैसे ही अंगीकार करने में समर्थ हों। अगर महावीर नग्न खड़े हुए थे तो क्या हर्ज है कि उनकी प्रतिमा नग्न बनायी जाए? लेकिन जैन तक तरकीबें निकाल लेते हैं।

मैं एक घर में मेहमान था। बड़ा सुंदर महावीर का एक चित्र लगा हुआ था। मगर तरकीबें...आदमी की बेईमानियां तो देखो! तुम अपने तीर्थंकरों को, जिनकी तुम पूजा करते हो, उनके साथ भी धोखा कर जाते हो। प्रतिमा तो महावीर की बनायी है चित्र में, लेकिन एक झाड़ की ओट में बनायी है और झाड़ की शाखाएं इस तरह फैलायी हैं कि उनकी नग्नता छिप जाए। पहना दी चड्डी, तरकीब से पहना दी। महावीर को खड़ा कर दिया। महावीर नग्न हैं, ऐसा नहीं कि उनको कपड़ा पहना दिया। मगर इस तरफ से इस तरह की वृक्ष की शाखाएं फैला दीं कि वृक्ष के पत्तों में उनकी नग्नता छिप गयी। जिनके घर मैं मेहमान था, मैंने कहा कि आप इस चित्र की पूजा करते हैं?

उन्होंने कहा : हां, रोज पूजा करता हूं। बड़ा प्यारा चित्र है!

मैंने कहा : चित्र तो प्यारा है, मगर तुम्हारी बेईमानी का भी सबूत है। इसमें यह झाड़ कैसे निकला? और ठीक इसी जगह कैसे निकला? और महावीर कब से वहीं खड़े हैं, हटेंगे भी कि नहीं?

उन्होंने कहा : इस पर मैंने कभी विचार ही नहीं किया, यह बात आप ठीक कहते हैं।

अगर महावीर नग्न थे तो कम-से-कम तुम जो उनकी पूजा करते हो, तुम तो स्वीकार करो कि नग्न थे। तुम छिपा रहे हो। बेईमानी, चालाकियां...हमारे हृदय में घर कर गई हैं। और हमने कुछ धारणायें बना ली हैं और उन धारणाओं के अनुसार हम हर चीज पर अपने को आरोपित कर देते हैं। हम किसी को स्वतंत्रता भी देना नहीं चाहते। अगर महावीर की यही मौज थी, अगर उनके ध्यान में यही फला कि वे सारे वस्त्र छोड़ दें, तो ठीक। प्रत्येक व्यक्ति को निजी होने का अधिकार है।

और यही तो सम्मानित समाज का लक्षण है कि हम उसको उसकी में निजता स्वीकार करें, उसको निजता दें। महावीर नग्न रह सके, अगर उनको यह अच्छा लगा तो ठीक था। यह उनकी बात थी, किसी को इसमें बेचैनी क्या? अगर तुम्हें बहुत अड़चन हो तो अपनी आंख झुकाकर निकल जाओ, अपनी आंख पर काला चश्मा पहन लो, आंख पर पट्टी बांध लो। आंख तुम्हारी है। मगर महावीर को तो चड्डी मत पहनाओ, महावीर के आसपास तो झाड़ मत उगाओ। आंख तुम्हारी है, तुम्हें न देखना हो आंख बंद कर लो, कौन तुमसे कह रहा है, कौन जबर्दस्ती दिखला रहा है!

नहीं, लेकिन लोग दूसरे पर आरोपित होना चाहते हैं, दूसरे पर अपने को थोपना चाहते हैं।

एक मित्र ने पूछा है: आत्मज्ञानियों के लक्षण के साथ आश्रमवासियों का वर्तन समाज में ठीक नहीं मालूम पड़ता। शिष्यों को आप क्यों नहीं बताते?

पूछनेवाले का नाम भी है: नीतिकुमार! मुश्किल से ही ऐसे लोग मिलते हैं, जो अपने नाम के अर्थ को सार्थक भी करते हैं; नहीं तो यहां कुरूप से कुरूप स्त्रियों का नाम होता है: सुंदरबाई। चोर-लफंगों का नाम होता है: अच्छेलाल। यहां अंधों का नाम होता है: नैनसुख। मगर नीतिकुमार, तुम्हारा नाम जिन्होंने भी दिया बड़े सोचकर दिया। तुम्हें क्या बेचैनी है?

तुम पूछते हो: आत्मज्ञानियों के लक्षण के साथ आश्रमवासियों का वर्तन समाज में ठीक मालूम नहीं पड़ता। शिष्यों को आप क्यों नहीं बताते?

आत्मज्ञानियों का क्या लक्षण होता है? किसी ने ठेका लिया है? महावीर नग्न थे, बुद्ध नग्न नहीं थे; कौन-सा लक्षण आत्मज्ञानी का है—नग्न होना या वस्त्र पहनना? बुद्ध शांत बैठे रहे वृक्ष के नीचे, कृष्ण बांसुरी बजाकर नाचते थे; कौन-सा लक्षण आत्मज्ञानी का है—वृक्ष के नीचे शांत बैठे रहना कि बांसुरी बजाना? राम धनुष-बाण लेकर चलते थे। महावीर ने कहा है: पैर भी फूंक-फूंक कर रखना, चींटी भी न मर जाए। अब धनुष-बाण कोई ऐसे ही तो टांगकर नहीं चलता, काहे के लिए टांगकर चलेगा बोझ कोई! रामचंद्र जी कोई गणतंत्र-दिवस में भाग लेने दिल्ली थोड़े ही जा रहे थे। तो इसमें आत्मज्ञानी का लक्षण कौन-सा है—पांव फूंक-फूंक कर रखना कि धनुष-बाण साथ में लेकर चलना?

जैन कहते हैं कि महावीर अगर रास्ते पर चलते भी थे तो सीधे पड़े कांटे उलटे हो जाते थे, क्योंकि महावीर जैसे पुण्यात्मा व्यक्ति को कांटा कैसे चुभ सकता है? और जीसस को तो सूली लग गई; कांटा ही नहीं चुभा, सूली लग गई। आत्मज्ञानी का लक्षण क्या है—कांटे का न चुभना कि सूली का लग जाना? कितने आत्मज्ञानी हुए पृथ्वी पर, लक्षण कैसे खोजोगे? अब तक कोई स्टेंडर्डाइज्ड लक्षण तो है नहीं। कोई सरकारी संस्थान भी नहीं है जो कि तय कर दे कि हम सील-मोहर लगा देंगे कि यह आत्मज्ञानी, यह इसका लक्षण। किस बात को तुम लक्षण कहते हो?

महावीर तो कहते हैं: श्वास भी सम्हाल कर लेना कि कोई कीटाणु मर न जाए, पानी भी छान कर पीना। और कृष्ण कहते हैं अर्जुन को कि तू लड़ अर्जुन, कोई फिक्र न कर। न हन्यते हन्यमाने शरीरे! शरीर को काटने से आत्माएं इत्यादि मरती नहीं, तू बेधड़क काट। काटने वाला वही है! और आत्मा तो अमर है। नैनं छिन्दंति शस्त्राणि, नैनं दहति पावकः। कौन है इसमें आत्मज्ञानी फिर? ये कृष्ण आत्मज्ञानी हैं, जो कहते हैं बेधड़क काट, कोई मरता नहीं कभी, इसलिए हिंसा तो हो ही नहीं सकती; या फिर महावीर आत्मज्ञानी हैं जो कहते हैं, रात भी पानी मत पी लेना अंधेरे में, कहीं कोई कीड़ा-मकोड़ा न गिर जाए! महावीर रात करवट नहीं बदलते थे सोते में, क्योंकि करवट बदलें और कहीं कोई चींटी-चींटा पीछे आ गया हो रात, दब जाए, मर जाए, तो रात एक ही करवट सोते

थे। कौन आत्मज्ञानी है? आत्मज्ञानी का क्या लक्षण? नीतिकुमार, तुम तय करोगे कि आत्मज्ञानी का लक्षण क्या है?

इसलिए मैं अपने शिष्यों को कोई चीज जबर्दस्ती नहीं थोपता। मैं उन्हें ध्यान दे रहा हूं। किसी में ध्यान बांसुरी बनकर बजेगा। और किसी में ध्यान चुप्पी बन कर ठहर जाएगा। अगर मैं उनसे कहूं कि तुम बांसुरी ही बजाना सब, तो बड़ी झंझट खड़ी होगी, क्योंकि कुछ बड़ी बेसुरी बांसुरियां बजने लगेंगी; जिनके प्राणों में बांसुरी नहीं है वे बैठे बांसुरी बजाएंगे। नाराज भी होंगे। मुझको भी गाली देंगे कि अच्छी झंझट लगा दी, अब यह बांसुरी बजाओ! आत्मज्ञानी का लक्षण बांसुरी बजाना! बांसुरी बजती भी नहीं, मोहल्ले-पड़ोस के लोग भी नाराज होते हैं, मगर बजानी पड़ेगी; नहीं तो आत्मज्ञानी न रहे। या मैं उनसे कहूं कि बांसुरी कभी बजाना ही मत, बस वृक्ष के नीचे बैठे रहना। पर जिनके भीतर बांसुरी पैदा होगी, वे क्या करेंगे, वे तिलमिलाने लगेंगे, बेचैन होने लगेंगे।

मैं कोई ढांचा नहीं देता। मैं तो सिर्फ आंतरिक सूत्र दे रहा हूं; आचरण नहीं, अंतस दे रहा हूं। फिर आचरण तो प्रत्येक का अलग-अलग होगा। प्रत्येक व्यक्ति इतना भिन्न और अद्वितीय है। मेरे मन में अद्वितीयता की, भिन्नता की बड़ी प्रतिष्ठा है। तो मैं तो तुम्हें ध्यान दूंगा; फिर किसी में ध्यान बांसुरी बन जाएगा, किसी में ध्यान मीरा बनकर नाचेगा। किसी में ध्यान शांत हो जाएगा, किसी में ध्यान बोलेगा और किसी में ध्यान मौन हो जाएगा। किसी में ध्यान नग्न हो जाएगा। किसी में ध्यान कोई रूप लेगा, किसी में ध्यान कोई रूप लेगा। अनंत रूप होंगे ध्यान के। सिखाने की बात ध्यान है। बस तुम्हारे भीतर परमात्मा से संबंध जुड़ जाए, इतना मैं सिखाता हूं, इससे ज्यादा मेरा कोई काम नहीं है। इससे ज्यादा अन्याय है। इससे ज्यादा हस्तक्षेप है। इससे ज्यादा तुम्हारी स्वतंत्रता के ऊपर बलात्कार है।

लेकिन तुम्हारी आदतें खराब हो गयी हैं। तुम्हें गुलाम होने की आदत हो गई है। तुम इस तरह के साधु, पंडितों के पास रहे हो कि वे तुम्हारी गर्दन को पूरी तरह दबा लेते हैं। वे हर चीज में पकड़ लेते हैं—ऐसा उठो ऐसा बैठो, यह खाओ यह पीयो यह सोओ। वे तुम्हारे पूरे जीवन के लिए व्यवस्था दे देते हैं। वे तुमसे सारा दायित्व ले लेते हैं। वे तुम्हें गुलाम बना देते हैं। वे तुम्हें मशीन बना देते हैं। तुम्हें उसमें एक सुविधा रहती है, तुम्हारे ऊपर कोई दायित्व नहीं रह जाता; लेकिन साथ ही तुम्हारी स्वतंत्रता भी खो जाती है। और जहां स्वतंत्रता खो गई, वहां आत्मा खो गई। वहां परमात्मा का द्वार खो गया।

मैं तुम्हें स्वतंत्रता देता हूं, लेकिन साथ ही एक खतरा भी है, क्योंकि स्वतंत्रता के साथ ही दायित्व भी तुम्हारा है। अब तुम्हें ही अपनी जीवनचर्या को सोचना होगा। मैंने तुम्हें रोशनी दे दी है, रास्ता तुम्हें खोजना होगा। तुम्हारे हाथ में दीया जला दिया है। अब तुम जैसे भी जीना चाहो, मैं तुम्हारे जीवन में जरा भी बाधा न दूंगा। यही मेरी विशिष्ट प्रक्रिया है। और इसे समझने में अड़चन होती है।

स्वाभाविक है, नीतिकुमार का कहना स्वाभाविक है। लेकिन प्रत्येक व्यक्ति की निजता का मूल्य उनकी दृष्टि में नहीं है। वे चाहते होंगे कि मैं इस तरह की एक भीड़ खड़ी

कर दूं, जैसे सिपाहियों की भीड़ होती है, या सैनिकों की भीड़ होती है। संन्यासी सैनिक नहीं है। संन्यासी सैनिक से ठीक उलटे छोर पर है। सैनिक का काम है खुद न सोचे, सिर्फ आज्ञा का अनुसरण करे। संन्यासी का काम है: खुद जागे और अपने जागरण से जीये। दोनों में बड़ा भेद है।

दुनिया में सैनिकों की जरूरत नहीं है अब। बहुत हो चुके सैनिक और बहुत हम कष्ट भोग चुके सैनिकों के कारण। अब यहां स्वतंत्रचेता संन्यासियों की जरूरत है—जो अपना दायित्व समझेंगे और अपने ढंग से जीएंगे। और यह मेरी मान्यता है कि अगर कोई भी व्यक्ति अपने ढंग से जी रहा है और किसी दूसरे को नुकसान नहीं पहुंचा रहा है, चोट नहीं कर रहा है, तो किसी दूसरे को हक नहीं है कि उसकी सीमा में बाधा डाले। तुम्हें क्या अड़चन है? तुम्हारी धारणा होगी यह कि संन्यासी को नाचना नहीं चाहिए; लेकिन यह तुम्हारी धारणा है, तुम मत नाचो। कोई संन्यासी नाच रहा हो इस कारण यह मान लेना कि वह संन्यासी नहीं है, जरा अपनी सीमा के बाहर जाना है। नीतिकुमार, यह तो अनीति हो जायेगी।

प्रत्येक परिस्थिति इतनी भिन्न है, प्रत्येक मनःस्थिति इतनी भिन्न है।

मैंने सुना, एक कवि के विवाह में पंडित वर-वधु को वचन दिला रहे थे, तभी कवि का एक मित्र बोला: पंडितजी, यह वचन और दिला दीजिए कि वर बिना वधु की इच्छा के उस पर दबाव डाल कर अपनी कविता सुनने के लिए बाध्य नहीं कर सकेगा।

अब यह एक विशेष परिस्थिति की बात है। किसी कवि से विवाह हो रहा हो तो पंडित को यह कसम दिला ही देनी चाहिए, क्योंकि कवि को सुनते कहां, मिलते कहां लोग सुनने वाले? पत्नी तो असहाय हो जायेगी और पंडित ने अगर आज्ञा दिलवा दी कि पति की आज्ञा मानना, पति की दासी रहना तो पति रोज अपना पोथा ले कर बैठ जायेगा। अपनी कविता सुनायेगा। वह सुननी पड़ेगी; सुननी ही नहीं पड़ेगी, सिर भी हिलाना पड़ेगा, हामी भी भरनी पड़ेगी।

यह मित्र ने ठीक ही कहा, क्योंकि यह विशेष परिस्थिति का शायद पंडित को पता ही न हो कि ये कवि महाराज हैं! इनका सबसे बड़ा खतरा यही है कि ये तुकबंदी करेंगे, इसके सिर पर थोपेंगे। यह कसम अभी दिलवा देनी अच्छी है कि जबर्दस्ती नहीं की जा सकेगी।

मैंने एक दिन मुल्ला से पूछा कि आपके चारों लड़कों का क्या हाल-चाल है?

मुल्ला ने कहा: एक संगीतकार हो गया है, दूसरा कवि हो गया है, तीसरा नेता हो गया है और चौथे के भी लक्षण खराब हैं।

कौन-से लक्षण अच्छे होते हैं, कौन-से खराब होते हैं? ठीक ही कह रहा है मुल्ला: एक संगीतकार हो गया है, एक कवि हो गया है, तीसरा नेता हो गया है, चौथे के भी लक्षण खराब हैं। प्रत्येक की अपनी दृष्टि होगी देखने-सोचने की।

दीपावली के पावन पर्व पर एक सुप्रसिद्ध सामाजिक संस्था ने अपने भवन कक्ष में एक पुस्तकालय खोलने का निर्णय किया। दूसरे दिन संस्था के अध्यक्ष ने एक बड़े

पुस्तक-विक्रेता से फोन पर कहा: देखिए, आप तुलसी, कबीर, मीरा, कालिदास, शेक्सपियर, गैटे आदि के पूरे सेट सजिल्द भेज दीजिए और सुनिए, कुछ पढ़ने लायक किताबें भी भेज दीजिए।

क्योंकि ये किताबें तो कोई पढ़ता नहीं, पढ़ने लायक किताबें तो और ही होती हैं। ये किताबें तो रखने योग्य होती हैं। ये तो लोग सजा कर रख देते हैं अलमारी में। ये तो दिखाने के लिए होती हैं।

राशन की लाइन में एक दुबला-पतला व्यक्ति एक मोटे व्यक्ति के आगे खड़ा था। सामने खड़े हुए एक सिपाही ने देखा कि वह बार-बार बाहर आता है, फिर अंदर जाकर लाइन में खड़ा हो जाता। सिपाही ने लगातार उसका लाइन से बाहर आना एवं फिर अंदर जाना देखकर कहा: महाशय, आप लाइन में ही खड़े रहें और कृपा कर बार-बार बाहर न आएं। दुबले-पतले युवक ने दीनता भरे स्वर में कहा: साहब, यह मोटा आदमी जो मेरे पीछे खड़ा है बार-बार मुझे धक्का दे रहा है। और जब धक्का असह्य हो जाता है तो मैं थोड़ा बाहर चला जाता हूं। फिर जब सहने की हिम्मत आ जाती है तो फिर भीतर आ जाता हूं।

मोटा व्यक्ति उसकी बात सुनकर तैश में आकर बोला: सिपाही जी, मैं इसको धक्का नहीं दे रहा, मैं तो सिर्फ सांस ले रहा हूं।

लोग अलग-अलग हैं, लोग भिन्न-भिन्न हैं। किसी को हक नहीं है कि ऊपर से कोई आरोपण किया जाए। मैं तुम्हें दृष्टि दे सकता हूं, आचरण नहीं। और अब तक तुम्हें आचरण ही दिया गया है, वही सबसे बड़ी खतरनाक बात हुई। उसके कारण तुम पाखंडी हो गये। उसके कारण तुमने अपनी निजता के साथ व्यभिचार किया। तुमने कभी अपने स्वयं के छंद को प्रगट नहीं होने दिया, उसे दबाया। तुम्हें जो बताया गया वह तुमने मान लिया, और जो तुम्हारे भीतर उमग रहा था उसे तुमने दबा दिया। तुम दो हिस्सों में टूट गए। तुममें द्वंद्व पैदा हो गया।

यही तो मनुष्य का विषाद है। द्वंद्वग्रस्त मनुष्य विषादग्रस्त रहेगा। द्वंद्व ही संताप है और आनंद की घड़ी तभी आती है जब तुम फिर एक हो जाओ।

मैं यहां अपने संन्यासियों को एक करने की चेष्टा में रत हूं। मैं चाहता हूं उनके सारे आदर्श छीन लूं, क्योंकि उन आदर्शों के कारण वे पाखंडी हो गए हैं। तुम सोचते हो आदर्शों के बिना आदमी का पतन हो जाएगा। मैं सोचता हूं आदर्शों के कारण ही आदमी पाखंडी हुआ है। मनुष्य को उसकी वास्तविकता के दर्शन होने चाहिए, आदर्श की आवश्यकता नहीं है।

जो आदमी क्रोधी है, तुम्हारा ढंग क्या होता है? तुम्हारा ढंग यह होता है: क्रोध मत करो, क्रोध बुरी बात है। क्रोध करोगे, नर्क में पड़ोगे। क्रोध करोगे, सम्मान खो जाएगा। क्रोध करोगे, लोग प्रतिष्ठा न देंगे। क्रोध मत करो।

मगर जिसको क्रोध उठता है, वह क्या करे? वह क्रोध को दबाये, पीये, अपने भीतर सरकाए; क्रोध उसके खून में छा जायेगा, क्रोध उसकी रग-रग में भर जाएगा। पहले तो

कभी-कभी क्रोध होता था, अब तो वह चौबीस घंटे क्रोधी रहने लगेगा। क्रोध उसकी नियति बन जाएगी। और ऊपर से मुस्कुरायेगा; वह मुस्कुराहट झूठ होगी, कागजी होगी। और यही उसकी जिंदगी बरबाद करने का कारण बन जाएगी। ऊपर मुस्कुराता रहेगा, भीतर जलता रहेगा। न मुस्कुराहट सच्ची हो पायेगी, न जलन को निकलने का कोई मौका मिल पायेगा और जहर निकले न तो तुम कभी स्वच्छ न हो सकोगे।

तो मैं नहीं कहता कि अक्रोध कोई लक्ष्य है। मैं तो कहता हूं: क्रोध अगर है तो क्रोध का जानना लक्ष्य है, पहचानना लक्ष्य है, क्रोध से परिचित होना लक्ष्य है। भविष्य में नहीं है कोई आदर्श। मैं तुमसे अक्रोधी होने को नहीं कहता। मैं तुमसे कहता हूं: क्रोध तुम्हारे भीतर है, यह तथ्य है। इस तथ्य को जानो, इस पर ध्यान करो, इसको पहचानो। इसको पकड़ो, यह है क्या? निर्णय मत लो। पहले से ही तय मत कर लो कि क्रोध गलत है। निर्णय ही कर लिया तो फिर कैसे जानोगे? निरीक्षण करो, निष्पक्ष निरीक्षण करो।

और तुम चकित हो जाओगे, क्रोध को देखते ही देखते क्रोध वाष्पीभूत हो जाता है। क्योंकि जैसे ही साक्षी जगता है, जैसे ही तुम्हारे भीतर देखने वाली क्षमता जगती है, वैसे ही क्रोध के बचने का उपाय नहीं रह जाता, क्योंकि क्रोध के रहने की जो अनिवार्य शर्त है वही टूट गई।

क्या है अनिवार्य शर्त?...कि साक्षी मौजूद न हो। मूर्च्छा होनी चाहिए तो क्रोध बचता है। मूर्च्छा क्रोध की अनिवार्य शर्त है। तादात्म्य होना चाहिए। तुम्हें भूल ही जाना चाहिए तुम हो। बस क्रोध ही क्रोध रह जाए, धुआं ही धुआं रह जाए और तुम उस धुएं में बिलकुल एक हो जाओ, तो क्रोध बचता है।

अगर तुम धुएं के बाहर दूर, शांत निर्विचार खड़े देखते रहो कि यह धुआं चारों तरफ उठ रहा है, यह क्रोध मुझे घेर रहा है। यह क्रोध क्या है, मैं इसे देखूं, मैं इसे पहचानूं, यह मेरा ही अंग है, यह मेरी ही ऊर्जा है, मैं इससे अपरिचित न रह जाऊं, मैं इसका आत्मज्ञान करूं—ऐसे भाव से अगर तुम क्रोध को देखोगे तो तुम चकित हो जाओगे। क्रोध न तो किसी पर फेंकना पड़ेगा, क्योंकि किसी पर क्रोध करो तो शृंखला पैदा होती है। क्रोध से फिर और क्रोध और क्रोध, उसका कोई अंत नहीं। और न क्रोध को दबाना पड़ेगा, क्योंकि दबाओ तो जहर भीतर पहुंच जाता है, तुम्हारे रग-रेशे में व्याप्त हो जाता है।

न तो दमन और न भोग; दोनों के मध्य में एक साक्षी की दशा है, वही मैं सिखाता हूं। उसमें दमन की भी जरूरत नहीं रह जाती, भोग की भी जरूरत नहीं रह जाती। उस मध्य बिंदु से अतिक्रमण हो जाता है। तुम चित्त के अतीत चले जाते हो। और जो वहां पहुंचने लगा, वहां कहां क्रोध, वहां कहां काम, वहां कहां लोभ! छोड़ना नहीं पड़ता लोभ, छोड़ना नहीं पड़ता काम, छोड़ना नहीं पड़ता क्रोध—छूट जाते हैं।

इस भेद को समझ लेना: छूट जाते हैं! तुमसे कहा गया है: छोड़ो। मैं अपने संन्यासियों को कहता हूं कि मैं तुम्हें दीया जलाने की कला बताता हूं। दीया जल जाए, अंधेरा चला जाता है, हटाना नहीं पड़ता। मैं तुम्हें आचरण नहीं देता, मैं तुम्हें आचरण की कोई संहिता नहीं देता, तुम्हें कोई आदर्श नहीं देता। तुम्हें कैसा होना चाहिए, इसकी कोई

बंधी हुई तस्वीर नहीं देता, लेकिन तुम क्या हो, इसकी पहचान की प्रक्रिया देता हूं। इस भेद को खूब स्मरण रखो। तुम क्या हो इसकी पहचान की प्रक्रिया देता हूं, तुम्हें दर्पण देता हूं, ताकि तुम अपनी तस्वीर देख लो। उसी देखने में क्रांति घटती है। उसी दर्शन में रूपांतरण है।

चौथा प्रश्नः भगवान! आपके इस संन्यासी के जीवन में आपका प्रसाद हमेशा मिलता रहता है, जिसका अनुभव बयान नहीं कर सकता। और पहले-पहल घबड़ाहट भी होती थी। बस इतना ही कहूंगाः

कई बार डूबे, कई बार उबरे, कई बार साहिल पे टकरा आये।
तलाशे-तलब में वो लज्जत मिली है, दुआ कर रहा हूं कि मंजिल न आये।

भगवान, यह मेरा भ्रम तो नहीं है, कृपया समझाएं!

नारायण दास! मंजिल कहीं है ही नहीं। यात्रा ही मंजिल है। मंजिल होगी तो मौत हो जायेगी। मंजिल होगी तो फिर क्या करोगे? मंजिल आ जायेगी, तो फिर क्या बचेगा?

परमात्मा मंजिल नहीं है, परमात्मा तीर्थयात्रा है। यात्रा ही यात्रा...काबा कभी आता नहीं, कैलाश कभी आता नहीं; दूर वहां, आता हुआ मालूम भर पड़ता है। बस, पुकारता है, आता नहीं। तुम चले जाते हो, चलते जाते हो; चलना आनंदपूर्ण हो जाता है। चलने में ही सारी बात है। दूसरा किनारा नहीं है...मझधार ही मझधार है।

यह खयाल ही छोड़ दो कि कहीं पहुंचना है। यहीं डूबना है, कहीं पहुंचना नहीं है। और जो यहीं डूबने को राजी है, वह पहुंच गया। जो यात्रा को ही मंजिल मानने को राजी है, उसकी मंजिल आ गयी। अभी आ गयी, इसी क्षण आ गयी। क्योंकि यह क्षण भी यात्रा का क्षण है।

मंजिल का अर्थ होता है : दूर, भविष्य में कहीं। यात्रा का अर्थ है : जो अभी है, यहीं है, इसी क्षण है।

प्यार जब मझधार से हो तो किनारा कौन मांगे?

बाहुओं में भर रहा हूं मैं हिलोरों की रवानी
है हिलोरों से बहुत मिलती हुई मेरी जवानी
जन्म है उठती लहर सा, है मरण गिरती लहर सा
जिंदगी है जन्म से ले कर मरण तक की कहानी।
चूमने दो ओंठ लहरों के मुझे निश्शंक हो कर
डूबना ही इष्ट हो जब, तो सहारा कौन मांगे?
प्यार जब मझधार से हो तो किनारा कौन मांगे?

श्याम मेघों से घिरा नक्षत्र विहगों का बसेरा
आंधियों ने डाल रखा है क्षितिज पर घोर घेरा
जिस तरह से भग्न अंतर में उमड़ती है निराशा
ठीक वैसे ही उमड़ता आ रहा नभ में अंधेरा
जब कि चाहें प्राण बरसाती अंधेरे में भटकना
पथ-प्रदर्शन के लिए तो ध्रुव सितारा कौन मांगे?
प्यार जब मझधार से हो तो किनारा कौन मांगे?

जिंदगी का दीप लहरों पर सदा बहता रहा है
निज हृदय से ही हृदय की बात यह कहता रहा है
डगमगाती ज्योति में विश्वास जीवन के संजोये
मौन जल कर स्नेह का अभिशाप यह सहता रहा है
जब मरण की आंधियों से प्यार इसको हो गया है
ओट पाने के लिए आंचल तुम्हारा कौन मांगे?
प्यार जब मझधार से हो तो किनारा कौन मांगे?

यही मैं सिखा रहा हूं, यही मेरी देशना है—मझधार ही सब कुछ है। कर लो प्यार मझधार से। यात्रा सब कुछ है। जी लो इस क्षण को भरपूर, समग्रता से। न कहीं पहुंचना है, न कहीं कुछ होना है। सब कुछ जैसा है, पूर्ण है।

अंतिम प्रश्नः भगवान! दिल्ली में जो चल रहा है, उसके संबंध में कुछ कहें?

एक छोटी कहानी कहूंगा। लंका का पिछला शासक रावण जब मरने लगा, तो राम ने लक्ष्मण को उसके पास राजनीति की शिक्षा लेने के लिए भेजा—यह कह कर कि तात, अपन जीत तो गये हैं, मगर अपने को यहां शासन चलाने का कोई अनुभव नहीं है; इससे पूछ कर आओ कि कैसे क्या चलाना है।

लक्ष्मण वहां गया, रावण से कहा कि अब तू तो मर ही रहा है, यहां शासन कैसे चलाएं, यह बताता जा?

रावण ने कहा कि आधी राजनीति मैं करता था, आधी कुंभकर्ण; तुमने कुंभकर्ण से भी संपर्क साधा था क्या?

लक्ष्मण ने कहाः हां, वह कह गया है कि आनंद से जमकर खाना पेलो और सोफे पर आराम से आंखें मूंदकर डले हो। यह पद्धति सर्वश्रेष्ठ है।

यह बताओ, रावण ने पूछाः तुम लोग तानाशाही मचाओगे कि प्रजातंत्र से चलोगे? कौन-सी पद्धति उपयुक्त होगी?

'जनता को क्या जमेगा?'

कुछ नहीं, रावण ने कहा, जब तानाशाही मचाओगे तो जनता प्रजातंत्र के लिए छटपटायेगी और जब प्रजातंत्र लागू करोगे तो तानाशाही के गुण गाने लगेगी।

'फिर?'

'फिर क्या, ऐसे चलना कि लोग समझ ही न पायें कि तानाशाही है या प्रजातंत्र। कुल मिलाकर एक कनफ्यूजन की स्थिति बनाये रखना।'

'जनता के लिए कुछ कार्यक्रम वगैरह?'

'बस साल-दो साल में एक-आध नया नारा दे देना। और धकाते रहना। न हो तो आपस में लड़ाई-झगड़ा शुरू कर देना। जनता से कहना कि हमारे आपस के झगड़े निपट जायेंगे तब तुम्हारे लिए कुछ करेंगे। अब यह ध्यान रखना कि अगला चुनाव आने तक वे आपस के झगड़े कहीं निपट न जायें।' यह कह कर रावण ने आंखें मूंद लीं। सुना है उसके बाद जंबूद्वीप में रामराज्य आ गया।

यही सब दिल्ली में हो रहा है। जंबूद्वीप में रामराज्य आ रहा है! सत्ता में पहुंच कर लोग कुछ करना नहीं चाहते। करने में खतरा है, क्योंकि करने में भूलें हो सकती हैं। जो करता है उससे भूलें हो सकती हैं। इसलिए जो सत्ता में पहुंच जाते हैं चालबाज राजनीतिज्ञ, वे बस टालमटोल करते रहते हैं, कुछ करते नहीं। क्योंकि कुछ करेंगे तो कहीं भूल न हो जाये, कोई नाराज न हो जाये। कुछ करोगे तो कोई न कोई नाराज होगा। कुछ करोगे तो किसी के खिलाफ जायेगा, किसी के पक्ष में जायेगा। तुम सबको राजी न रख सकोगे। और राजनीतिज्ञ की चेष्टा होती है सब को राजी रखने की। सब को राजी रखने का एक ही उपाय है: कुछ मत करो; बातें करो, बड़ी-बड़ी बातें करो। जितनी बातें कर सकते हो करते रहो। और समय टालो, और समय को हटाओ और आगे के लिए स्थगित करो। अच्छे नारे देते रहो और लोगों को भरमाये रखो।

और लोग भी अजीब हैं, देख-देख कर भी नहीं देख पाते हैं! लोग बड़े अंधे हैं!

राजनीतिज्ञ का कुल लक्ष्य इतना होता है कि वह कैसे सत्ता में पहुंच जाये। बस सत्ता में पहुंचकर उसका लक्ष्य पूरा हो गया, उसकी मंजिल आ गयी। अब उसको कुछ नहीं करना है। अब दूसरा लक्ष्य यह है कि कैसे सत्ता में बना रहे; कोई दूसरा हटा न दे। पहले पहुंचने की चेष्टा में लगा रहता है, फिर जमने की चेष्टा में लगा रहता है। इसी में समय व्यतीत हो जाता है। करना तो कोई भी कुछ चाहता नहीं। करना तो खतरनाक है, जोखिम का काम है। और करने वाले को जनता कभी बर्दाश्त भी नहीं करती। क्योंकि कुछ भी करोगे तो जनता की धारणाओं के विपरीत जाता है। देश की आबादी बढ़ती है। अगर कुछ करो आबादी रोकने के लिए, जनता नाराज होती है। क्योंकि जनता की सदा से आदत रही है कि जितने बच्चे पैदा करना हो करो। उसको अड़चन आ जाती है। जनता को भ्रांति है कि बच्चे पैदा करने में ही कोई पुरुषत्व है! जनता को भ्रांति है कि अगर तुम्हारा संतति-नियमन का कोई कार्यक्रम लागू तुम पर किया गया तो तुम्हारा पुरुषत्व छिन गया। जनता बड़ी अजीब है!

मैं एक गांव में गया। वहां स्वामी करपात्री महाराज व्याख्यान दे रहे थे। जिस घर में मैं ठहरा था, उसके सामने ही व्याख्यान चल रहा था, तो मजबूरी में मुझे सुनना पड़ा। पास ही वहां एक बांध बननेवाला था। आदिवासी इलाका। वे आदिवासियों को समझा रहे थे कि बांध मत बनने दो, क्योंकि उसमें से पानी जो निकलेगा वह बेकार पानी होगा, नपुंसक पानी। मैं भी थोड़ा चौंका कि पानी कैसा नपुंसक होता है! सजग होकर सुनने लगा। वे समझा रहे थे, उसमें से बिजली तो पहले ही निकाल ली जायेगी। जब पानी में से बिजली ही निकल गयी तो बचा क्या? और जनता कह रही थी, यह बात तो सच है कि जब बिजली ही निकल गयी तो बचा क्या खाक! जनता बांध के विरोध में हो गयी कि बांध नहीं बनना चाहिए, नहीं तो पानी सब नपुंसक हो जायेगा। फिर उससे क्या खेतीबाड़ी होगी? उसकी असली चीज तो निकल ही गयी!

ऐसे-ऐसे लोग हैं! जनता नासमझ है, अंधविश्वासी है। राजनीतिज्ञ चालबाज हैं, बेईमान हैं। राजनीतिज्ञ को एक ही बात ध्यान रखनी पड़ती है कि चुनाव जल्दी फिर आते हैं। उन्हीं लोगों से वोट लेनी पड़ेगी, उनको नाराज मत कर देना। उनको नाराज किया तो मुश्किल में पड़ोगे। उनको खुश रखना। तो राजनेता उनके मंदिर में जाता है, मस्जिद में भी जाता है, गुरुद्वारे में भी जाता है, शंकराचार्य को भी नमस्कार कर आता है। मेला भरा हो तो मेले में हो आता है। रामलीला हो रही हो तो रामलीला में पहुंच जाता है। कुंभ में मौजूद हो जाता है। उसे जनता के अंधविश्वासों को समर्थन देना चाहिए।

और मजा यह है कि जनता के अंधविश्वास टूटें, तो ही जनता के जीवन का कुछ कल्याण हो सकता है। और यह बड़ी अड़चन की बात है। जनता ही नहीं टूटने देना चाहती अपने अंधविश्वासों को। जनता ही अपना हित और कल्याण नहीं होने देना चाहती। तो जनता को, जो कुछ भी नहीं करते, वे अच्छे लगते हैं। इंदिरा पर नाराजगी का कारण यही था, उसने कुछ करने की कोशिश की। मोरारजी से जनता खुश रहेगी। उन्होंने कुछ किया ही नहीं, नाखुश होने का कोई कारण ही नहीं। वे कुछ करेंगे भी नहीं, समय गुजारेंगे। और अभी-अभी उन्होंने जनता से कहा है कि 'हमारी लंबी उम्र के लिए प्रार्थना करो।' इतना काफी नहीं महाराज? और सताओगे? अभी और लंबी उम्र चाहिए?

इस देश को कुछ बातें समझनी होंगी। एक तो इस देश को यह बात समझनी होगी कि तुम्हारी परेशानियों, तुम्हारी गरीबी, तुम्हारी मुसीबतों, तुम्हारी दीनता के बहुत कुछ कारण तुम्हारे अंधविश्वासों में हैं। और जब तक तुम्हारे अंधविश्वास न तोड़े जायें, तब तक तुम्हारी दीनता भी नहीं मिटेगी, तुम्हारी गरीबी भी नहीं मिटेगी, तुम्हारी परेशानी भी नहीं मिटेगी। और जो भी तुम्हारे अंधविश्वास तोड़ेगा, तुम उससे नाराज हो जाओगे। इससे लोग मुझसे नाराज हैं।

मुझे राजनीति से कुछ लेना-देना नहीं है, क्योंकि मैं मौलिक काम में लगा हूं। मैं जड़ काटने की कोशिश कर रहा हूं। मेरी पूरी फिक्र यह है कि तुम्हारे अंधविश्वास टूट जायें। तुम्हारे अंधविश्वास टूट जायें तो सब ठीक हो जायेगा। तुम्हारे पास थोड़ी-सी समझ आ जाये। तुम बीसवीं सदी के हिस्से बन जाओ।

भारत अभी भी समसामयिक नहीं है, कम-से-कम डेढ़ हजार साल पीछे घिसट रहा है। ये डेढ़ हजार साल पूरे होने जरूरी हैं। भारत को खींच कर आधुनिक बनाना जरूरी है। यह काम राजनीतिज्ञ नहीं कर सकते, यह काम दिल्ली में नहीं हो सकता। यह काम तो उन्हें करना होगा जिनका राजनीति से कुछ लेना-देना नहीं है।

मेरा कोई लेना-देना नहीं है राजनीति से। मेरी कोई उत्सुकता नहीं है राजनीति में। लेकिन जरूर मेरी उत्सुकता है कि इस देश का भी सौभाग्य खुले, यह देश भी खुशहाल हो, यह देश भी समृद्ध हो। क्योंकि समृद्ध हो यह देश तो फिर राम की धुन गूंजे। समृद्ध हो यह देश तो फिर लोग गीत गायें, प्रभु की प्रार्थना करें। समृद्ध हो यह देश तो मंदिर की घंटियां फिर बजें, पूजा के थाल फिर सजें। समृद्ध हो यह देश तो फिर बांसुरी बजे कृष्ण की, फिर रास रचे!

यह दीन-दरिद्र देश, अभी तुम इसमें कृष्ण को भी ले आओगे तो राधा कहां पाओगे नाचनेवाली? अभी तुम कृष्ण को भी ले आओगे, तो कृष्ण बड़ी मुश्किल में पड़ जायेंगे; माखन कहां चुरायेंगे? माखन है कहां? दूध-दही की मटकियां कैसे तोड़ेंगे? दूध-दही की कहां, पानी तक की मटकियां मुश्किल हैं। नलों पर इतनी भीड़ है! और अगर एक-आध गोपी की मटकी फोड़ दी, जो नल से पानी भरकर लौट रही थी, तो पुलिस में रिपोर्ट दर्ज करा देगी कृष्ण की। तीन बजे रात से पानी भरने खड़ी थी, नौ बजते-बजते पानी भर पायी और इन सज्जन ने कंकड़ी मार दी।

धर्म का जन्म होता है जब देश समृद्ध होता है। धर्म समृद्धि की सुवास है।

तो मैं जरूर चाहता हूं: यह देश सौभाग्यशाली हो। लेकिन सबसे बड़ी अड़चन इसी देश की मान्यताएं हैं। इसलिए मैं तुमसे लड़ रहा हूं तुम्हारे लिए। तुम्हीं मुझसे नाराज होओगे। तुम्हीं मुझ पर कुपित हो जाओगे। क्योंकि मैं तुम्हारी जमीन पैर के नीचे से खींचूंगा।

मगर जमीन खींचनी ही होगी। तुम्हें नयी जमीन चाहिए। तुम्हें नयी भाव-भूमि चाहिए। तुम्हें चित्त का एक नया संस्कार चाहिए। तुम्हें एक नया आकाश उपलब्ध होना चाहिए। तुम कब्र में बंद हो गये हो। दिल्ली के लोग तुम्हारी कब्र पर फूल चढ़ा रहे हैं।

आज इतना ही।

तीसरा प्रवचन

सिधां माखण खाया

(मरौ हे जोगी मरौ — पंद्रहवां प्रवचन)

हिंदू आषै राम कौं, मुसलमान षुदाइ।
जोगी आषै अलख कौं, तहां राम अछै न षुदाइ।।
हिंदू ध्यावै देहुरा, मुसलमान मसीत।
जोगी ध्यावै परम पद, जहां देहुरा न मसीत।।
कोई न्यंदै कोई व्यंदै, कोई करै हमारी आसा।
गोरष कहै सुणो रे अवधू, पंथ षरा उदासा।।
आसण बैसिबा पवण निरोधिबा, थांन मांन सब धंधा।
बदंत गोरखनाथ आत्मां विचारत, ज्यूं जल दीसै चंदा।।
केता आवै केता जाइ। केता मांगै केता खाइ।
केता रुष-विरष तलि रहै। गोरख अनभै कासौं कहै।।
बिरला जाणंति भेदांनिभेद। बिरला जाणंति दोइ पष छेद।
बिरला जाणंति अकथ कहाणी। बिरला जाणंति सुधि बुधि की बाणी।।
संन्यासी सोइ करै सब नास। गगन मंडल महि मांडै आस।
अनहद सूं मन उनमन रहै। सो संन्यासी अगम की कहै।।
दरवेस सोइ जो दर की जाणै। पंचे पवण अपूठा आनै।
सदा सुचेत रहै दिन राति। सो दरवेस अलह की जाति।।
जीबिता बिछायबा मूंवां ओढिबा, कवहु न होइबा रोगी।
बरसवै दिन काया पलटिबा, यूं कोई कोई बिरला जोगी।।
गगन मंडल में गाय बियाई, कागद दही जमाया।
छाछि छाछि पंडिता पीवीं, सिधां माखण खाया।।

किसे जिंदगी का सहारा समझ लूं?
गगन में दमकते करोड़ों सितारे,
घड़ी भर चमककर छिपेंगे बिचारे;
रहा घूम कोई, रहा टूट कोई,
किसे लोचनों का सितारा समझ लूं?
किसे जिंदगी का सहारा समझ लूं;

जलधि में कई द्वीप जो दिख रहे हैं,
सभी काल की धार से कट रहे हैं।
यहां भी हिलोरें, वहां भी हिलोरें,
बता दो, कहां मैं किनारा समझ लूं?
किसे जिंदगी का सहारा समझ लूं?

अभी तृप्ति के पल, अभी प्यास के क्षण,
अभी अश्रु के तो अभी हास के क्षण!
मिला साथ विष का, सुधा का निमंत्रण,
मुझे आज किसने पुकारा समझ लूं?
किसे जिंदगी का सहारा समझ लूं?

अभी फूलमाला अभी शूलमाला,
अभी स्वर्ग, नंदन, अभी नर्क-ज्वाला

अभी डोलियां हैं, अभी अरथियां हैं,
बता दो, कहां मैं गुजारा समझ लूं?
किसे जिंदगी का सहारा समझ लूं?

धरा घूमती है, गगन उड़ रहा है,
न जाने किधर यह जलधि बढ़ रहा है!
मुझे छोड़कर सांस तक जा रही है,
बता दो, किसे मैं दुलारा समझ लूं?
किसे जिंदगी का सहारा समझ लूं?

मनुष्य की ऐसी ही दशा है। सब तरफ लहरें ही लहरें हैं, किनारे का कोई भी पता नहीं। पीछे भी लंबा मार्ग है, आगे भी लंबा मार्ग है; मंजिल का कोई ओर-छोर नहीं। कहां से आते हैं पता नहीं। कहां जा रहे हैं, पता नहीं। क्यों हैं पता नहीं। घर बनाएं भी तो कहां बनाएं, कैसे बनाएं? अपना ही पता न हो तो जिंदगी में शांति कैसे हो, सुख कैसे हो? स्वभाव का ही बोध न हो, तो आनंद की झलक कैसे मिले?

आनंद की झलक तो मिलती है, जब तुम्हारा जीवन स्वभाव के अनुकूल होता है। आनंद का इतना ही अर्थ समझना, जब तुम जगत के साथ एकछंद हो। जब तुम्हारा तार जगत के तारों के साथ लयबद्ध है, तब आनंद।

और दुख का भी यही अर्थ समझना, जब तुम्हारा तार अलग-अलग बजने लगे, जगत की वीणा से भिन्न-भिन्न, अपनी ढपली अपना राग हो जाये, तभी दुख पैदा हो जायेगा। जैसे ही छंद भंग हुआ, दुख हुआ। जैसे ही छंद फिर जुड़ा, सुख हुआ।

लेकिन इस छंदोबद्धता के लिए स्वयं से परिचय तो जरूरी है। और जिनका स्वयं से परिचय नहीं है, वे चले परमात्मा की खोज पर! दूर की खोज पर निकले हो, निकट का भी पता नहीं है! जिन्हें अपना भी बोध नहीं, वे विवाद कर रहे हैं कि ईश्वर कैसा है? कि हिंदुओं का ईश्वर सच है कि मुसलमानों का ईश्वर सच है, कि ईसाईयों का, कि यहूदियों का? ईश्वर के संबंध में विवाद चल रहा है। और जो निर्विवाद सत्य है तुम्हारा, उससे परिचय कब करोगे? और जो उसे जान लेता है वही परमात्मा को जान पाता है।

आत्मा को जाने बिना परमात्मा को जानने का न कभी कोई उपाय था, न है, न कभी कोई उपाय होगा। आत्मा द्वार है। और इस एक को तुम पहचान लो तो इस एक से ही सब को जानने की कुंजी मिल जाती है।

उसको प्राणों का प्राण कहो, जिस पर हर सांस निछावर हो!

मधुवन की छवि का क्या कहना,
मधुवन में हैं अगणित कलियां!

संदेह नहीं, आकर्षक हैं
कुंजों की ये मादक गलियां!
कुंजों-कुंजों में क्यों घूमो?
कलिका-कलिका पर क्यों गूंजो?
उस एक कली को प्यार करो, जिस पर मधुमास निछावर हो!
उसको प्राणों का प्राण कहो, जिस पर हर सांस निछावर हो!

मत 'प्यार' कहो माटी के प्रति
जगने वाले आकर्षण को!
बरसात सुधा की मत समझो
दो क्षण के इस रसवर्षण को!
वह 'रूप' नहीं जिसके कारण
तृष्णा या आशा ही जागे,
वह रूप 'रूप' कहलाता है, जिस पर विश्वास निछावर हो!
उसको प्राणों का प्राण कहो, जिस पर हर सांस निछावर हो!

लाखों हैं ये आकाश-कुसुम,
किस-किस पर हाथ बढ़ाओगे?
अंबर की धुंधली गलियों में
कब तक आंखें भटकाओगे?
टिमटिम किरणों में क्यों भटको?
लाखों तारों में क्यों अटको?
उस एक चंद्रमा को पूजो, जिस पर आकाश निछावर हो!
उसको प्राणों का प्राण कहो, जिस पर हर सांस निछावर हो।

और किस पर हर सांस निछावर है? यह भीतर आती श्वास, यह बाहर जाती श्वास, किसके पांव पखार रही है? यह भीतर आती श्वास, यह बाहर जाती श्वास, प्रतिपल किसका वंदन उतार रही है? यह किसकी आरती हो रही है?

इसी श्वास के साथ-साथ भीतर जाओ, तो मिल जायेगा वह जिसके चरणों पर यह श्वास जाकर निछावर हो रही है। इसी श्वास के साथ-साथ बाहर आओ और भीतर जाओ। इसी श्वास में सारी परिक्रमा है, इसी श्वास में सारे तीर्थ। क्योंकि इसी श्वास के मूल उदगम पर तुम विराजमान हो—तुम अपनी महिमा में, अपनी परम गरिमा में विराजमान हो।

और जहां श्वास निछावर हो रही है, वहां तुम बड़े चकित होकर पाओगे कि तुम तो हो, लेकिन तुम जैसे नहीं हो। तुम तो हो, लेकिन मैं का कोई भाव नहीं है। अस्तित्व है,

परम शुद्ध अस्तित्व है, लेकिन मैं की कोई धारणा नहीं, कोई धुआं नहीं। निर्धूम ज्योति है वहां। मैं की छाया भी नहीं पड़ती।

इस स्वयं को पहचान लिया, तो तुमने सब को पहचान लिया। इस एक सूत्र को पकड़ लो, इसी के सहारे तुम पहुंच जाओगे अस्तित्व की गहनतम गहराइयों में। कहीं कोई और खोजने की आवश्यकता नहीं है। जो कहीं और खोजने गया, भटका, भूला, उलझा।

आज के सूत्र :

हिंदू आषै राम कौं, मुसलमान षुदाइ।
जोगी आषै अलष कौं, तहां राम अछै न षुदाइ।।

हिंदू पूजता है राम को, मुसलमान पूजता है खुदा को। जोगी किसको पूजता है? अलख को। न राम को, न खुदा को। उसका कोई नाम नहीं है—न राम, न खुदा। सब नाम आदमी के दिये हुए हैं। वह तो विशेषण-शून्य है। वह तो निर्विकार है। वह तो निराकार है, अलख है। अलख—अर्थात, आंखों में भी पकड़ में न आये! कानों के सुनने में न आये। हाथों के छूने में न आये! इंद्रियातीत है। उसे राम कहें, तो छोटा हो जायेगा। उसे खुदा कहें, छोटा हो जायेगा। उसे शब्द दें, तो असत्य हो जायेगा।

जो सच्चा खोजी है, वह न तो हिंदू होता है न मुसलमान होता है; हो ही नहीं सकता। जो सच्चा खोजी है। उसे शब्द और शास्त्र और विशेषण और संप्रदाय नहीं बांध सकते हैं। न मुहम्मद मुसलमान हैं, न कृष्ण हिंदू हैं, न बुद्ध बौद्ध हैं और न जीसस ईसाई हैं—याद रखना! इस जगत में जिन्होंने जाना है, उनकी कोई जाति नहीं है।

गोरख ठीक कहते हैं : सो दरवेस अलह की जाति। वे तो अल्लाह की जाति के हो जाते हैं, उनकी फिर क्या जाति? अलह हमारा रंग, अलह हमारी जाति। फिर तो उनका रंग भी अल्लाह का है और जाति भी अल्लाह की। फिर वे हिंदू नहीं, मुसलमान नहीं, ईसाई नहीं।

इस पृथ्वी पर संप्रदायों के कारण बड़ी अड़चन हुई, आदमी आदमी नहीं हो पाया है। और संप्रदायों की जड़ में क्या है? छोटे-छोटे शब्दों का उलझाव है। किसी ने राम कह दिया और झगड़ा शुरू हुआ।

बच्चा पैदा होता है, कोई नाम लेकर नहीं आता; शून्य आता है, अनाम आता है, अरूप आता है। फिर हम नाम थोप देते हैं उसके ऊपर। फिर नाम तुम जो चाहो थोप दो। तुम उसे रामप्रसाद कहो या खुदाबख्श, मतलब एक ही है। खुदाबख्श का मतलब रामप्रसाद होता है, रामप्रसाद का अर्थ खुदाबख्श होता है। मगर अगर रामप्रसाद कहा, तो हिंदू हो गया; अब यह मस्जिदें जलायेगा। और अगर खुदाबख्श कहा, तो यह मुसलमान हो गया; अब यह मूर्तियां तोड़ेगा। जरा-सा नाम दे दिया—और नाम तुमने दे दिया! और यह तो कोई नाम लेकर आया न था।

कोई हिंदू की तरह आता है? कोई मुसलमान की तरह आता है? अलह हमारी जाति—अल्लाह की तरह हम आते हैं, परमात्मा की तरह हम आते हैं, और फिर

छोटे-छोटे नाम और छोटे-छोटे घेरे, छोटे-छोटे बांवड़े, फिर झगड़े और बड़े विवाद और बड़ी कलह...। और जो लोग कलह और विवाद करते हैं, सोचते हैं धार्मिक कृत्यों में लीन हैं!

मैं कल बहुत चौंका, खबर आयी पुलिस की तरफ से कि तीन हजार मुसलमान आश्रम पर हमला करने आ रहे हैं। मुसलमानों को क्या पड़ी है इस आश्रम पर हमला करने की? इकट्ठे भी हुए हैं! किसी ने अफवाह उड़ा दी है कि मैं मुसलमानों का दुश्मन हूं। किसी ने अफवाह उड़ा दी कि मैं मुहम्मद का दुश्मन हूं। बस, अफवाह काफी है। उपद्रव करने को जैसे हम तैयार ही बैठे हैं।

मैं अगर मुहम्मद का दुश्मन हूं तो फिर मुहम्मद का साथी कौन होगा? मैं मुसलमान नहीं हूं—उसी अर्थ में जिस अर्थ में मुहम्मद मुसलमान नहीं हैं। इतना तो पक्का है न, कि मुहम्मद मुसलमान नहीं थे। क्योंकि मुहम्मद जब पैदा हुए, तो इस्लाम धर्म था ही नहीं। मुहम्मद के बाद लोग मुसलमान हुए होंगे। जीसस तो ईसाई नहीं थे न, कैसे होते ईसाई? अभी तो ईसाइयत का जन्म भी नहीं हुआ था। और बुद्ध तो बौद्ध नहीं थे न? ऐसे ही मैं भी मुसलमान नहीं हूं मुहम्मद की भांति! और अगर मुहम्मद मुसलमान हैं तो मैं बड़े से बड़ा मुसलमान हूं! वैसे ही जैसे मैं हिंदू हूं, जैन हूं, बौद्ध हूं, यहूदी हूं।

जिसने जाना, सब धर्म उसके हैं और कोई धर्म उसका नहीं।

मगर उपद्रवी चित्त हैं—पंडित हैं, मौलवी हैं—जिनका सारा काम उपद्रव फैलाना है, आग लगाना है! किसी ने कह दिया होगा। अब ये आज के वचन हैं, अब ये फिर पहुंच जायेंगे मस्जिद तक। अब यह मेरा कोई कसूर भी नहीं है। अब यह गोरख कह रहे हैं, अब मैं करूं भी क्या? गोरख कहते हैं:

हिंदू आषै राम कौं, मुसलमान षुदाइ।
जोगी आषै अलख कौं, तहां राम अछै न षुदाइ।

न वहां राम है, न वहां खुदा है—योगी उस अलख को पुकारता है। उसी अलख को हम पुकार रहे हैं। यह तो योगियों का जमघट है। यहां कोई हिंदू नहीं है, कोई मुसलमान नहीं, कोई ईसाई नहीं। अगर लोगों में थोड़ी समझ हो तो यह स्थान सबका प्यारा हो जाये। मगर लोग तो उल्टे हैं। न हम हिंदू हैं, इसलिए हिंदुओं के हम नहीं रहे; तो हिंदू यहां न आयेंगे, सकुचाएंगे। हम मुसलमान भी नहीं, तो मुसलमान भी सकुचायेगा; वह भी विरोधी हो जायेगा। ईसाई भी, यहूदी, जैन, बौद्ध। होना तो यह चाहिए था कि यह मंदिर उन सबका होता। है ही उन सबका, मगर उनकी नासमझियां हैं!

पुलिस ने खबर दी कि इस मोर्चे को रोकना जरूरी है, नहीं तो हम मुश्किल में पड़ जायेंगे। आज मुसलमान आयेंगे, कल ईसाई आ जायेंगे, परसों हिंदू आ जायेंगे; क्योंकि यह आश्रम तो किसी का भी नहीं है। यहां तो सभी हमला कर सकते हैं। यह बात भी जंची। होना तो यह था कि यह सभी के लिए प्रार्थना और ध्यान का और पूजा का स्थान बन जाता। मगर बीसवीं सदी में हम नाममात्र को हैं, हमारी असलियत अभी भी हजारों साल पुरानी पहाड़ों की गुफाओं में भटक रही है! हमारी आत्मा अभी भी आदिम है।

कृष्ण मुहम्मद संन्यासी हो गये, किसी ने पत्र लिख दिया: 'गर्दन उतार लेंगे। तुमने इस्लाम धर्म के साथ विद्रोह कर दिया!'

अब कृष्ण मुहम्मद पहली दफा इस्लामी हुए हैं! पहली दफा इस्लाम का रंग चढ़ा। इस्लाम का अर्थ होता है: शांति। कृष्ण मुहम्मद पहली दफा मुसलमान हुए हैं, अगर मुसलमान का कोई भी अर्थ हो सकता हो। पहली दफा मोमिन हुए। पहली दफा आस्था आयी। अब तक मुसलमान थे लोगों की नजरों में, अब मुसलमान न रहे! संन्यासी होकर पहली दफा मुसलमान हुए हैं।

मगर पत्र आते हैं उनको कि 'गर्दन उतार देंगे, सावधान! तुमने दगा कर दिया।' किससे दगा कर दिया? कोई कृष्ण मुहम्मद के हृदय से भी तो पूछे! धर्म की पहली दफा थोड़ी-सी सुगंध मिली। धर्म का थोड़ा-सा उत्सव जीवन में आया। अब तक नाममात्र को मुसलमान थे, अब असलियत में मुसलमान हुए। अब 'अलख' को पुकारा।

मगर जो खुदा में उलझे हैं और जो राम में उलझे हैं, उनको अलख की पुकार समझ में नहीं आती। और ऐसा कोई हिंदू-मुसलमान के साथ ही नहीं है, सभी के साथ है। जैन यहां आते हैं, दूसरे जैन समझ लेते हैं कि गये काम से! सिक्ख यहां आकर संन्यासी हो जाते हैं तो मुझे पंजाब से पत्र लिखते हैं जाकर कि हम बड़ी मुश्किल में पड़े हैं, क्योंकि बाकी सिक्ख बड़ी झंझट डाल रहे हैं। वे तो कहते हैं कि तुम अगर सिक्ख हो, तो गैरिक वस्त्र छोड़ो; और अगर गैरिक वस्त्र पहनने हैं, तो फिर तुम सिक्ख नहीं हो; फिर हम बंदला लेंगे।

कब आदमी में थोड़ी आदमियत आयेगी? कब हम समझेंगे मुहम्मद को, महावीर को, कृष्ण को, बुद्ध को, जीसस को? कब उनकी ऊंचाइयों, उनकी गहराइयों से हमारा नाता जुड़ेगा? कब तक हम क्षुद्र में ही डोलते रहेंगे? कब तक हम व्यर्थ के पंडितों—थोथे—जिनके हाथ में छाछ के सिवाय कुछ भी नहीं है...गोरख कहते हैं:

छाछि छाछि पंडिता पीवीं।

छाछ ही छाछ पी रहे हैं पंडित और उनके पास कुछ भी नहीं है—

सिधा माखण खाया।

मक्खन तो सिद्ध खा गये। सिद्धों से पूछो धर्म का अर्थ। लेकिन सिद्धों का कोई धर्म नहीं होता, कोई मजहब नहीं होता। ये वचन एक अपूर्व सिद्ध के हैं, एक अपूर्व बुद्ध के हैं। समझपूर्वक गुनना, मनना।

हिंदू आषै राम कौं, मुसलमान षुदाइ।

दोनों ने परमात्मा का रूप बना लिया है, परमात्मा को आकार दे दिया है, परमात्मा को एक नाम दे दिया है। उसको विशेषण दे दिये हैं। उसको परिभाषा दे दी है। और जैसे ही परमात्मा की परिभाषा होती है, परमात्मा सीमित और संकुचित हो जाता है। और यही पाप है। परमात्मा को सीमित और संकुचित करना पाप है। न तो परमात्मा मंदिर में बंद हो सकता है, न मस्जिद में, न गिरजे में, न गुरुद्वारे में। परमात्मा तो विस्तीर्ण है—उतना ही, जितना यह अस्तित्व विस्तीर्ण है। परमात्मा तो सारे अस्तित्व पर फैला है; परमात्मा

तो अस्तित्व का पर्यायवाची है। लेकिन फिर उसे हम क्या कहें?

गोरख कहते हैं: जोगी आषै अलष कौं। उसे हम अलख कहेंगे। यह प्यारा शब्द है! अलख का मतलब होता है: जो लखा न जा सके; अलक्ष्य, जिसका हम लक्ष्य न बना सकें। न तो आंख, न कान, न हाथ, कोई इंद्रिय जिस तक न पहुंच सके। मन भी जिस तक न पहुंच सके। जिस तक पहुंचना संभव ही न हो। जो लक्ष्य बन ही न सके।

फिर परमात्मा कैसे मिलता है? परमात्मा तक तुम्हें नहीं पहुंचना होता। जब तुम शांत हो जाते हो, मौन हो जाते हो, लीन हो जाते हो—प्रार्थना में, ध्यान में—तब परमात्मा तुम में उतर आता है। परमात्मा तुम तक पहुंचता है, तुम परमात्मा तक कभी नहीं पहुंचते। सागर ही आता है बूंद में—सागर ही उतर आता है बूंद में! सागर तो तत्पर खड़ा है उतर आने को, मगर तुम द्वार-दरवाजे नहीं खोलते।

परमात्मा तो प्रतिपल चारों ओर से तुम्हारे भीतर बह जाने को आतुर है। सब ओर से तुम्हें घेर लेने को तैयार है, मगर तुमने अपने को ऐसा कस कर बंद किया है, रंध्र भी नहीं छोड़ी है, जरा-सा स्थान नहीं छोड़ा है। कोई मुसलमान की तरह अपने को बंद किये है, कोई हिंदू की तरह अपने को बंद किये है। और तुम सोच रहे हो कि तुम धार्मिक हो? धार्मिक वही है जो बंद नहीं है, जो निर्बंध है। धार्मिक वही है जो स्वच्छंद है। धार्मिक वही है जो संप्रदाय के अतीत है। धार्मिक वही है जिसके लिए सारा अस्तित्व मंदिर है, मस्जिद है, काबा है, कैलाश है।

जोगी आषै अलख कौं, तहां राम अछै न षुदाइ।।

और वहां न तो राम पाया जाता है। धनुर्धारी राम नहीं मिलेंगे तुम्हें वहां...और न खुदा पाया जाता है। वहां कौन मिलता है? वहां शून्य आकाश मिलता है। वहां अस्तित्व की शुद्धता मिलती है। कोई अस्तित्ववान व्यक्ति नहीं मिलता। एक अनुभव मिलता है, एक प्रसाद, एक स्वाद! एक स्वाद, जो शाश्वत का है! एक स्वाद, जो समय में आबद्ध नहीं! उस स्वाद को जिसने चखा, उसी ने माखन चखा। वही सिद्ध हुआ।

हिंदू ध्यावै देहुरा, मुसलमान मसीत।

हिंदू जाता है मंदिर और सोचता है मंदिर चले गये, परमात्मा का ध्यान कर लिया, घंटी बजायी, पूजा उतारी, थाल उतारा, मंदिर में रखी प्रतिमा पर दो फूल चढ़ाये, सिर झुकाया—काम पूरा हुआ। इतना सस्ता समझा है धर्म? ऐसे कहीं जीवन बदलता है? मंदिर की घंटियां बजाने से कहीं जीवन बदलेगा? पत्थरों की मूर्तियों के सामने सिर झुकाने से कहीं जीवन बदलेगा? काश, इतना आसान होता तो सारी पृथ्वी स्वर्ग हो गयी होती, कभी की स्वर्ग हो गयी होती! कितनी तो बार तुम मंदिर गये हो और खाली के खाली लौटे! कितनी बार मस्जिद गये हो, लेकर क्या आये हो? और कब तक यही करते रहोगे?

एक छोटी कहानी मैंने पढ़ी है। एक वैज्ञानिक, मनोवैज्ञानिक एक चूहे पर प्रयोग कर रहा था। चूहे में बुद्धिमत्ता है या नहीं, इस संबंध में जानकारी के लिए कोशिश कर रहा था। उसने एक कठघरा बनाया। उसमें बारह छोटे-छोटे कमरे हैं। नौवें कमरे में उसने

चूहे के खाने के लिए कुछ रख दिया और चूहे को कठघरे में छोड़ दिया। चूहा भागा इस कोने उस कोने, इस कमरे उस कमरे। और जब उसे नौवें कमरे में भोजन मिल गया, तो बड़ा मस्त हुआ। दोबारा जब चूहे को छोड़ा, तो वह सीधा नौवें कमरे की तरफ गया। और हर बार नौवें कमरे में उसे भोजन मिल गया, तो धीरे-धीरे उसकी आदत बन गयी। छोड़ो उसे कठघरे में, चला वह सीधे नौवें कमरे की तरफ। जब आदत मजबूत हो गयी तो मनोवैज्ञानिक ने नौवें कमरे में न रख कर मिठाइयां, तीसरे कमरे में रख दीं। चूहा गया नौवें कमरे में। बड़ा चकित हुआ। चारों तरफ देखा, चकराया—बात क्या हुई! इधर-उधर गया, फिर लौट कर नौवें कमरे में आया कि कुछ भूल-चूक तो नहीं हो गयी। तीसरी बार आया। फिर देखा कि नहीं, नौवें कमरे में कुछ भी नहीं है। खोजबीन की। तीसरे कमरे में पहुंच कर मिठाई पा ली। फिर तीसरे कमरे में जाने लगा।

उस वैज्ञानिक से किसी ने पूछा कि चूहे का अध्ययन करने से आदमी की बुद्धिमत्ता का कैसे पता चलेगा? उस मनोवैज्ञानिक ने कहा: हां, चूहे और आदमी में बड़ा भेद है। चूहा एक ही बार जाकर समझ गया कि अब नौवें कमरे में मिठाई नहीं है; आदमी जिंदगी-भर न समझता। वह बार-बार नौवें में ही जाता, बार-बार नौवें में ही जाता... वह जाता ही रहता। और जितनी बार जाता उतनी ही जाने की आदत मजबूत होती जाती। चूहे और आदमी में इतना भेद है कि चूहा समझ गया कि अब नौवें में मिठाई नहीं है; आदमी कभी न समझता।

ठीक ऐसी दशा है तुम्हारे तथाकथित धार्मिकों की। मंदिर तुम कितने वर्षों से गये हो, कुछ पाया नहीं; फिर भी चले जाते हो आदतवश।...एक औपचारिकता, एक सामाजिक व्यवहार...जाना चाहिए इसलिए। मुझसे न मालूम कितने लोगों ने कहा है कि हम पूजा सुबह करते हैं, कुछ मिलता तो नहीं पूजा करने से, लेकिन न करें तो दिन-भर बेचैनी रहती है।

लेकिन यह बेचैनी तो वैसी ही हुई जैसे कि तंबाकू खानेवाले को होती है, धूम्रपान करने वाले को होती है। अब कोई धूम्रपान करने से मिलता नहीं कुछ। क्या खाक मिलेगा! धुएं को भीतर ले गये, बाहर लाये, इससे क्या कुछ मिलने वाला है? कुछ खो भला जाये, मिलेगा क्या? लेकिन अगर न धुएं को बाहर-भीतर ले जाओ, तो बेचैनी मालूम होती है। आदत मजबूत हो गयी। तलफ लगती है।

तुम्हारी पूजा, तुम्हारे पाठ, तुम्हारे मंत्र कहीं तलफ तो नहीं हैं? क्योंकि अगर कुछ मिलता न हो, तो इतनी बुद्धिमत्ता होनी चाहिए कि कहीं और तलाशो, किसी और तरह तलाशो। कोई और मार्ग खोजो। बार-बार उसी कठघरे में जाने से क्या होगा? मगर लोग जिंदगी गुजार देते हैं। कोई गीता ही पढ़ रहा है तो जिंदगी-भर पढ़ता रहता है। और कोई कुरान पढ़ रहा है तो जिंदगी-भर पढ़ता रहता है। मिला है कुछ या नहीं? कभी एक बार सजग होकर सोचो।

हिंदू ध्यावै देहुरा, मुसलमान मसीत।
जोगी ध्यावै परम पद, जहां देहुरा न मसीत।।

फिर जोगी क्या करता है? फिर योग का मार्ग क्या है? हजारों लोग मंदिरों में, हजारों लोग गिरजों में, हजारों लोग मस्जिदों में, लेकिन कहीं कुछ ज्योति तो दिखायी पड़ती नहीं। मंदिर-मस्जिद उलटे लड़वाते हैं; राजनीतियों के अड्डे बन गये हैं। वहां पहुंचकर कोई शांति की झलक तो दिखायी नहीं पड़ती, न ही कोई आनंदमग्न भाव जन्मता है, न उत्सव पैदा होता है। न पैरों में थिरक आती है, न प्राणों में पुलक। जीवन जैसा था वैसा का ही वैसा चलता रहता है।

जोगी ध्यावै परम पद!

इसलिए योगी मंदिर-मस्जिद का ध्यान नहीं करता, परम पद का ध्यान करता है। क्या है परम पद? कहां है परम पद? मंदिर भी बाहर, मस्जिद भी बाहर; परम पद तुम्हारे भीतर है। परमात्मा तुम्हारे भीतर विराजमान है। और तुम कहां खोज रहे हो बाहर? और जब तक तुम बाहर खोजते रहोगे, उसे तुम कभी पा न सकोगे।

सूफी फकीर स्त्री हुईः राबिया। उसके घर एक मेहमान थाः फकीर हसन। सुबह थी, हसन बाहर आया। बड़ी सुंदर सुबह! सूरज ऊगा और पक्षी गीत गाते, और वृक्ष हरे, और वृक्षों पर फूल खिले, और आकाश में बड़े प्यारे रंग!...ऐसी प्यारी सुबह... और राबिया अब भी झोपड़े के भीतर है, तो हसन ने आवाज दीः राबिया, पागल राबिया! भीतर तू क्या करती है, बाहर आ। देख, परमात्मा ने कैसी सुंदर सुबह रची!

और राबिया खिलखिला कर हंसी। उसकी हंसी सुनना; अगर तुम्हें सुनायी पड़ जाये, तुम्हारी जिंदगी बदल जाये। राबिया अभी भी हंस रही है। राबिया की हंसी ऐसी नहीं है कि जो समाप्त हो जाये। राबिया उन थोड़ी-सी स्त्रियों में से एक है, जिनकी गणना बुद्ध, महावीर, मोहम्मद कृष्ण के साथ की जानी चाहिए। थोड़ी-सी स्त्रियों में से एक है।

राबिया खिलखिला कर हंसी। हसन तो चौंक गया, खिलखिलाहट उसकी बड़ी दीवानी थी। और उसने कहाः पागल हसन! तू ही भीतर आ। मुझे मालूम है कि सुबह सुंदर है। मैंने बहुत सुबहें देखी हैं। उसकी प्रकृति बड़ी प्यारी है! उसकी सृष्टि बड़ी अदभुत है, अलौकिक है! मगर जिसने उसे देख लिया, उसके लिए तो उसकी प्रकृति बिलकुल फीकी हो जाती है। तू चित्र ही देख रहा है, मैं चित्रकार को देख रही हूं। तू काव्य ही सुन रहा है, मैं कवि के सामने खड़ी हूं। तूने सिर्फ प्रतिध्वनि सुनी है, मैं मूलस्रोत को सुन रही हूं। तू ही भीतर आ! मुझे बाहर मत बुला, मैं बाहर बहुत रह चुकी। तू भी बाहर बहुत रह चुका, अब भीतर आ।

बात तो छोटी-सी थी। हसन ने तो किसी और ही मतलब से कही थी। लेकिन सिद्ध पुरुषों की यही खूबी है कि छोटी-छोटी बातों को बड़े-बड़े अर्थ दे देते हैं। छोटी-छोटी बातें उनके हाथ का स्पर्श पा कर स्वर्णिम हो जाती हैं। उसने तो ऐसे ही पुकारा था कि राबिया, तू भीतर क्या करती है? सुबह, बड़ी सुंदर सुबह है, बाहर आ। राबिया ने बात बदल दी। राबिया ने इस छोटी-सी घटना को एक आध्यात्मिक उत्प्रेरणा बना दी। उसने कहाः नहीं हसन, तू ही भीतर आ, क्योंकि मैं भीतर उस मालिक को देख रही हूं, जिसने बाहर की सुबह बनायी है।

जिसने भीतर छिपे मालिक को देख लिया, सब मंदिर मिल गये, सब मस्जिदें मिल गयीं। फिर तुम जहां हो वहीं मंदिर है, वहीं मस्जिद है। मगर नाराज हो जायेंगे लोग। लोग नाराज हो जाते हैं। लोग सत्य की बातों से बड़े नाराज हो जाते हैं। क्योंकि मैंने कह दिया कि जहां तुम बैठे हो अगर तुम शांत हो, मौन हो, आनंदित हो, तो वहीं काबा है—बस मौलवी नाराज हो गये!...काबा! काबा पवित्र स्थल है। मैं तुम से फिर कहता हूं: जहां ध्यानी बैठ जाता है वहीं काबा है। उसे कहीं और जाने की जरूरत नहीं।

मंसूर अलहिल्लाज को जब ज्ञान उत्पन्न हुआ, तो उसके भीतर से अनलहक की आवाज उठने लगी—मैं परमात्मा हूं! अंधे लोग क्षमा नहीं कर सकते ऐसी बात। अंधे भी बड़े जिद्दी हैं। सदियां बीत गयीं, आंखवाले आते रहे और जाते रहे, मगर अंधे भी बड़े जिद्दी हैं। सदियां बीत गयीं। दीये जलते रहे, लेकिन अंधे बुझाते रहे। अमृत आता रहा, लेकिन अंधे इंकार करते रहे। आंख का उपचार हो सकता था, लेकिन अंधे भागते रहे उपचार से।

मंसूर ने आवाज दी: अहं ब्रह्मास्मि, अनलहक, मैं ईश्वर हूं!

अब यह एक मुसलमान देश में इस तरह की बात कहनी बड़ी खतरनाक है। मंसूर के गुरु ने कहा कि मंसूर, इस तरह की बात मत कर। मुझे भी मालूम है। मेरे भीतर भी यह आवाज उठी थी, लेकिन दबा गया। क्योंकि नाहक उपद्रव क्यों खड़ा करना, पी गया। तू भी पी जा।

गुरु ने कहा, तो मंसूर ने कहा: आप कहते हैं तो ऐसा ही करूंगा। लेकिन फिर जब भी ध्यान में बैठे तब फिर आवाज, वही पुकार—अनलहक!

गुरु जुन्नैद ने कहा कि सुन, तू वचन भी दे देता है और तोड़ देता है।

मंसूर ने कहा: मैं नहीं तोड़ता वचन। जब तक मेरा वश रहता है, जब तक मैं रहता हूं तब तक वचन का पालन करता हूं। लेकिन एक ऐसी घड़ी आती है जब मैं नहीं रहता। फिर कौन वचन का पालन करे? फिर वही पुकारता है अनलहक, मैं क्या करूं? उसने तो वचन दिया नहीं, वचन मैं देता हूं। इसलिए जहां तक मेरी सामर्थ्य है, वहां तक दबाये रखता हूं। लेकिन जब मेरी सामर्थ्य छूट जाती है, जब मैं ही नहीं होता, परमात्मा मेरे भीतर से बोल उठता है, तो फिर कुछ किया नहीं जा सकता।

जुन्नैद ने कोई उपाय न देख कर...क्योंकि मौलवियों तक खबरें पहुंचने लगीं। और मौलवी ये खबरें ले जाने लगे राजदरबार तक कि यह मंसूर काफिर हो गया है। जैसे कृष्ण मुहम्मद काफिर हो गये न, राधा मोहम्मद काफिर हो गयी—ऐसे ही मंसूर काफिर हो गया! लोग खबरें ले जाने लगे। जुन्नैद को प्रेम था मंसूर से। जुन्नैद ने कहा: तू एक काम कर, तू कुछ दिन के लिये तीर्थयात्रा पर चला जा। जा काबा की यात्रा कर आ। यात्रा भी हो जायेगी और वहां तू खूब रास्ते में, एकांत में, जंगल में, रेगिस्तानों में चिल्ला लेना जितना चिल्लाना हो: अनलहक! क्योंकि रेगिस्तान इतना नासमझ नहीं है जितने लोग। पत्थर-पहाड़ इतने मूढ़ नहीं हैं जितने लोग! वे तेरी बात समझेंगे। तू जा, और एक बार तीर्थयात्रा कर आ।

यह सिर्फ बहाना था कि एक साल, दो साल के लिए...क्योंकि उन दिनों हज की यात्रा पर जाना वर्षों का काम था। पैदल जाना, लंबी यात्रा। लौटना हो भी कि न हो। जंगल और पहाड़ और रेगिस्तान और नदियां और बीमारियां और हजार उपद्रव थे... जंगली जानवर। दो-चार वर्ष बात टल जायेगी। फिर लौटेगा, तब तक शायद शांत भी हो जाये। अभी नयी-नयी घटना घटी है, अभी ताजा-ताजा परमात्मा बोला है, इसलिए रोकने में असमर्थ है। इस बीच थोड़ी क्षमता भी बढ़ जायेगी।

गुरु ने कहा, तो मंसूर ने झुक कर नमस्कार किया और कहा : आप कहते हैं तो यह चला यात्रा को। अभी कर आता हूं काबा, हज।

गुरु तो बहुत प्रसन्न हुआ। लेकिन प्रसन्नता ज्यादा देर न टिकी, क्योंकि मंसूर उठा और अपने गुरु के सात चक्कर लगाये और आ कर बैठ गया। और उसने कहा यह हो गयी यात्रा। तुम मेरे काबा, तुम मेरे तीर्थ! और कहां जाना है, तुम्हें छोड़ कर कहां जाना है?

जरूर मुसलमान नाराज हो गये होंगे। देहधारी मनुष्य को काबा कहना! अनलहक की घोषणा करना! मैं परमात्मा हूं, ऐसी घोषणा करना! मंसूर को सूली दी। मंसूर के हाथ-पैर काट डाले।

सदियां बीत गयीं, लेकिन बात नहीं बदलती! अभी भी वे कृष्ण मुहम्मद को पत्र लिखते हैं कि गर्दन काट देंगे। आदमी कभी बदलेगा या नहीं बदलेगा? यहां ध्यान करने वाले लोगों पर हमला कर देंगे, कि गर्दनें काट देंगे। आदमी कभी बदलेगा या नहीं बदलेगा?

न तो मंदिर में है परमात्मा, न मस्जिद में है; परमात्मा तुम्हारे भीतर है। और जिसने उसे वहां नहीं पाया, उसे कहीं भी नहीं पा सकेगा। और जिसने उसे वहां पाया, वह सब जगह पा लेगा।

जोगी ध्यावै परम पद, जहां देहुरा न मसीत।।

कोई न्यंदै कोई व्यंदै...।

और इसलिए अड़चनें खड़ी होंगी। कोई निंदा करेगा, कोई वंदन करेगा। ज्ञानी को यह अड़चन सदा होगी : कोई निंदा करेगा, कोई प्रशंसा करेगा। कोई न्यंदै कोई व्यंदै। और वंदन करने वाले तो थोड़े होंगे, निंदन करने वाले बहुत होंगे। सौ में से निन्यानबे तो गालियां देंगे; कोई एक-आध, कोई एक-आध माई का लाल, कोई एक-आध विरला, कोई एक-आध हिम्मतवर प्रशंसा करेगा।

प्रशंसा तो वही कर सकता है, जिसे थोड़ी झलक मिली है; एक-आध किरण सही, न मिला हो सूरज; एक-आध बूंद सही, न मिला हो सागर। जरा-सी सुगंध ही आयी हो, लेकिन नासापुट तक पहुंची हो, वही वंदन कर सकेगा। तो वंदन करने वाला तो कभी कोई एक-आध होगा, निंदा करने वाले बहुत होंगे। ध्यानी को, योगी को, खोजी को स्मरण रखना चाहिए : गालियां बहुत मिलेंगी, फूल-हार कभी-कभी।

कोई न्यंदै कोई व्यंदै, कोई करै हमारी आसा।

और कुछ लोग सोचते हैं कि हम से कुछ मिल जायेगा, इसलिए प्रशंसा करते हैं।

वह प्रशंसा भी सच्ची नहीं है फिर। उन विरले लोगों में भी जो प्रशंसा करते हैं, उनमें से कुछ इसलिए करते हैं अधिक कि कुछ मिल जायेगा, कि योगी से कुछ चमत्कार हो जायेगा। किसी को बेटा नहीं है। किसी को नौकरी नहीं है। किसी को कोई बीमारी है। किसी को कुछ है, किसी को कुछ है, जीवन की हजार अड़चनें हैं।

तो जो नमस्कार करने भी आते हैं ध्यानी को, सिद्ध को, बुद्ध को, वे भी बुद्ध को नमस्कार करने नहीं आते। वे भी इस आशा में आते हैं कि शायद अपनी कोई कामना पूरी हो जाये। वे कल्पवृक्ष की तलाश में हैं, बुद्धत्व की तलाश में नहीं। वे सोचते हैं बुद्ध के पास शायद उनके आशीर्वाद से, जो हम अपने ही प्रयास से नहीं कर पाये हैं, उनके प्रसाद से हो जाये।

कोई करै हमारी आसा।

लेकिन जिन्होंने जाना है, वे तुम्हें ऐसा आशीर्वाद नहीं दे सकते जो तुम्हें और संसार में उलझा दे। उन्होंने स्वयं ही सारी आशाएं छोड़ दी हैं। वे तुम्हारी आशाओं को पूरा करने का कारण नहीं बन सकते। जिस बात को उन्होंने ही गलत जान कर छोड़ दिया है, वही गलत वे तुम्हें नहीं दे सकते। जिसे उन्होंने ही बंधन माना है, वे कैसे तुम्हें आभूषण बना कर बंधनों को दे देंगे। वे जंजीरें हैं। उनके पास तुम जाओगे, तो वे तुम से कहेंगे कि तुम भी छोड़ दो सब आशा।

इस जगत में सब आशा व्यर्थ है, क्योंकि यह आशा सिर्फ भटकाती है—भ्रमजाल है, मृगमाया! ये सोने के जो मृग दिखायी पड़ते हैं, ये कहीं होते नहीं। और तुम तो तुम, राम तक धोखे में आ जाते हैं! सोने का मृग! चले तलाश पर। रावण के कारण राम ने सीता नहीं खोई, सोने के मृग के कारण खोई। सोने के मृग की तलाश में चल पड़े। और जो बाहर निकल जाता है सोने के मृग की तलाश में, उसके भीतर की सीता खो जाती है। यह तो प्रतीक-कथा है। यह तो प्यारी कथा है। राम चले खोजने बाहर, भीतर की सीता खो गयी, आत्मा खो गयी।

कोई न्यंदै कोई ब्यंदै, कोई करै हमारी आसा।
गोरख कहै सुणो रे अवधू, पंथ षरा उदासा।।

और गोरख कहते हैं, ठीक से सुन लो, समझ लो। हम तो खरी बात कह रहे हैं कि हमारे रास्ते पर आशा आती ही नहीं। हमारे रास्ते पर तो परम निराशा में ही कोई उतरता है।

परम निराशा को समझना। निराशा का अर्थ होता है: इस जगत में न कुछ मिला है, न मिल सकता है। सब स्वप्न-जाल है। बस स्वप्न ही स्वप्न है। दूर के ढोल सुहावने मालूम होते हैं, पास जाने पर कुछ भी हाथ नहीं लगता।

गोरख कहै सुणो रे अवधू, पंथ षरा उदासा।

यह तो पंथ ही उनका है, जो उदासीन हो गये हैं; जिन्होंने देख ली सब आशाएं और सब आशाएं उघाड़ कर पहचान लीं और भीतर कुछ भी नहीं पाया। यह रास्ता उनका है। इस रास्ते पर वे ही गतिमान होते हैं। संसार जिनके लिए व्यर्थ हो गया है, वे ही तो भीतर की यात्रा पर निकलते हैं। उनके पास तुम किसी आशा के कारण मत जाना।

मुझे सपने दिखाओ मत
कि सपने टूट जाते हैं,
न अपनापन दिखाओ तुम
कि अपने छूट जाते हैं!

न खो जाना रसीली तान में
कल फूल कहते थे—
भ्रमर हमको रसीले गीत
गाकर लूट जाते हैं!

कहानी सिंधु-मंथन की
यही फिर-फिर जताती है,
सुधा लेकर हलाहल के
पिलाये घूंट जाते हैं!

मुझे कल रात रो-रो कर
बताया एक बच्चे ने—
घरौंदे मत बना लेना,
घरौंदे फूट जाते हैं!

किनारे कह रहे थे—
लौटकर आती नहीं लहरें,
वचन सौ-सौ मिले हों, पर
निकल सब झूठ जाते हैं!

छिपाकर चंद्रमा को,
सिंधु से काली घटा बोली—
छटा के देवता ये
अर्चना से रूठ जाते हैं!

यहां सब सपने ही सपने हैं। जिसको यह दिखायी पड़ गया कि बाहर कुछ भी नहीं है, वही अंतर की खोज पर निकलता है। बाहर से हारा हुआ ही भीतर जाता है। हारे को हरिनाम! इसलिए हार बड़ा सौभाग्य है, जीत बड़ी महंगी पड़ती है। इस दुनिया में जो सफल हो जाते हैं, वे चूक जाते हैं। इस दुनिया में सफल होना महंगा सौदा है। धन मिल गया, पद मिल गया, प्रतिष्ठा मिल गयी, इतरा गये, अकड़ गये, मदमस्त हो गये—चूक गये।

धन्य हैं वे जो हार जाते हैं; जिन्हें न पद न प्रतिष्ठा न सफलता—कुछ भी नहीं मिलता। धन्य हैं वे, अगर समझ पायें तो। अगर अपनी धन्यता को पहचान पायें तो। अगर देख पायें कि कुछ भी नहीं मिलता। सब घरौंदे फूट जाते हैं। जिनको ऐसा दिखायी पड़ जाये, उनके जीवन में क्रांति का अपूर्व क्षण आ गया।

गोरख कहै सुणो रे अवधू, पंथ षरा उदासा।
आसण बैसिबा पवण निरोधिबा, थांन मांन सब धंधा।
बदंत गोरखनाथ आत्मां विचारत, ज्यूं जल दीसै चंदा।।
आसण बैसिबा पवण निरोधिबा...।

इन खेलों में मत पड़ जाना कि लगा कर बैठ गये आसन, कि हिलेंगे नहीं, कि बैठेंगे पत्थर की मूरत की तरह। इन खेलों में मत पड़ जाना। देह का आसन जमा कर बैठ गये, इससे कुछ भी न होगा। ये तो सर्कसी बातें हैं।

पवण निरोधिबा...।

यह भी मत सोच लेना कि श्वास को भीतर रोक लेते हैं आधा-आधा घंटे, कि जमीन में सो जाते हैं दिन-दिन के लिए, ऊपर से मिट्टी डलवा लेते हैं, फिर जिंदा निकल आते हैं। इन सब खेलों में मत उलझना। यह प्रश्न न तो देह का है, न श्वास का है; जो देह के और श्वास के पार है, उसका है। देह को सम्हाल लो, तो घंटों बैठे रह सकते हो एक ही आसन में। श्वास को सम्हाल लो तो श्वास को रोककर रह सकते हो। पर खयाल रखना, ये व्यर्थ की ही बातें हैं। इनसे कुछ हाथ लगेगा नहीं।

आसण बैसिबा पवण निरोधिबा, थांन मांन सब धंधा।

इससे तुम्हें कुछ लाभ होंगे, सम्मान मिलेगा बहुत। लोग कहेंगे : अहा, महायोगी, सिद्धपुरुष! लोग सम्मान देंगे।

यह दुनिया बड़ी अजीब है। यहां असली बुद्धों को अपमान मिलता है, यहां नकली बुद्धों को सम्मान मिल जाता है। यहां मंसूर जैसे प्यारे आदमी को तो सूली लग जाती है। और अगर कोई रास्ते पर आ कर, कोई बाजीगर जमीन में गड़ कर खड़ा हो जाये, एक हाथ ऊपर निकाल कर सिर तक अपने को खपा ले, फिर देखो कैसी भीड़ लगती है, कैसा सम्मान शुरू होता है! और कभी उस आदमी को गौर से देखा, जो चौबीस घंटे जमीन में गड़ा रहता है? बाहर निकाल कर कभी उसके पास बैठे? उसके पास कोई सत्य की सुगंध पायी? उसके पास कोई तरंग उठी? नहीं, इस सबकी किसी को चिंता ही नहीं है? लोग तो अचंभों में रस लेते हैं।

बुद्धपुरुष तो सीधे-सरल होते हैं, अत्यंत सामान्य होते हैं। उल्टे-सीधे कामों में उन्हें क्या रस हो सकता है? कोई बुद्ध कांटों की सेज बिछा कर लेटेगा? किसलिए? कोई प्रदर्शनी करनी है? लेकिन कोई कांटों की सेज बिछाकर लेट जाये, तो चले तुम। किसी ने मुंह में भाला भोंक लिया, चले तुम, चली भीड़, मूढ़ों की जमात इकट्ठी हुई! असल में तुम्हारी भीड़ जहां भी इकट्ठी होती हो, समझ लेना कि कुछ-न-कुछ गलत हो रहा होगा; नहीं तो इतनी भीड़ इकट्ठी नहीं हो सकती थी।

सिधां माखण खाया 83

एक अदभुत फकीर थे : महात्मा भगवानदीन। उनके साथ एक बार मैं यात्रा पर था। वे बड़े प्यारे व्यक्ति थे। मगर अगर सभा में कभी बोलते और कोई ताली बजा देता, तो बड़े उदास हो जाते। एक-दो बार मैंने यह देखा कि तालियां बजती हैं, तो वे बड़े उदास हो जाते हैं। तो मैंने उनसे पूछा कि मामला क्या है, जब लोग तालियां बजाते हैं आप उदास क्यों हो जाते हैं? तो उन्होंने कहा कि जब लोग तालियां बजाते हैं, तब मुझे पक्का हो जाता है कि मैंने जरूर कोई गलत बात कही होगी; नहीं तो लोग और तालियां बजायें? लोग तो गलत को ही पकड़ पाते हैं। तो लोगों की तालियां बजीं कि मेरे चित्त में तत्काल खटका लगता है कि जरूर कुछ-न-कुछ बात गलत हो गयी। कुछ ऐसा कह दिया जो लोगों की समझ में आ गया—और समझ में ही उनके गलत आता है। प्रशंसा कर रहे हैं तो जरूर कुछ मुझ से भूल हो गयी। ये वे ही तो लोग हैं, जो सत्य को सुन कर पत्थर मारते हैं। ये सत्य को सुन कर तालियां कैसे बजायेंगे।

मुझे उस बूढ़े फकीर की बात जमी। यह बात सच है। ये वे ही लोग हैं जिन्होंने बुद्ध को पत्थर मारे, महावीर के कानों में सींकचे ठोक दिये; जिन्होंने मुहम्मद को जिंदगी-भर शांति से न बैठने दिया। ये वे ही लोग हैं, जो मुहम्मद का पीछा करते रहे एक गांव से दूसरे गांव। मुहम्मद की जान हमेशा खतरे में बनाये रखी जिन्होंने, ये वे ही लोग हैं। मगर अब मुहम्मद की पूजा कर रहे हैं। अब महावीर की पूजा कर रहे हैं। अब बुद्ध का आराधन चल रहा है। पश्चात्ताप कर रहे हो, प्रायश्चित्त कर रहे हो? जो दुर्व्यवहार किया था उसके लिए अब रो रहे हो?

मगर तुम अब भी वही करोगे। तुम अब भी वही कर रहे हो। अब भी अगर कोई बुद्ध खड़ा होगा, तुम्हारा व्यवहार तत्क्षण पुराना का पुराना हो जायेगा। तुमने कुछ सीखा नहीं है सदियों में। तुम जैसे सीखोगे ही नहीं। जैसे तुमने जिद्द कर रखी है न सीखने की।

आसण बैसिबा पवन निरोधिबा, थांन मांन सब धंधा।

तो धंधा तो खूब चल सकता है, सम्मान भी खूब मिलेगा। अगर आसन मार कर बैठ गये और श्वास रोक ली, तो बहुत तुम्हारा सम्मान करनेवाले मिल जायेंगे, बहुत तुम्हारी पूजा करनेवाले मिल जायेंगे।

एक गांव में मैं गया। किसी ने मुझे कहा कि गांव में एक बड़े फकीर आये हुए हैं। मैंने पूछा, कौन? उनका नाम है: खड़ेश्री बाबा। मैंने कहा: यह भी खूब नाम है, बात क्या है? तो उन्होंने कहा: वे खड़े हैं दस साल से; बैठते ही नहीं!

पड़ोस में ही थे। सुबह जब मैं घूमने निकला, तो दिखाई पड़ गये, एक झाड़ के नीचे खड़े थे। झाड़ से एक झूला लटका रखा था। झूले पर हाथ टेके...क्योंकि नींद तो आयेगी ही रात, गिर न पड़ जायें। और दो शिष्य रात साथ लगे रहते थे; वे दिन-भर सोते थे शिष्य, और रात-भर उनको सम्हाले रखते थे कि वे गिर न जायें। लेटना तो है ही नहीं। उनके पैर सूज गये, सारा शरीर तो सूख गया, पैर हाथी-पांव हो गये। यह रुग्ण मनुष्य अकारण कष्ट झेल रहा है । मगर पूजा चल रही है! कीर्तन चल रहा है—सुबह सांझ रात, चौबीस घंटे!

मैंने लोगों से पूछा कि जरा इनकी आंखों में भी तो देखो, इनके चेहरे पर भी देखो! न कोई प्रतिभा का लक्षण है, न कोई शांति है, न कोई प्रसाद है, न कोई काव्य झरता मालूम होता है। सिर्फ ये मोटे पांव, ये हाथी-पांव...। तुम इनकी पूजा किये जा रहे हो।

पर वे बोले कि देखिये तो चमत्कार, दस साल हो गए!

दस साल नहीं, दस सदियां हो जाएं तो भी क्या होगा? कोई मूढ़ दस साल तक खड़ा रहे, इससे प्रज्ञावान हो जायेगा? मूढ़ता और घनी हो जायेगी। मूढ़ता और मजबूत हो जायेगी।

आसन बैसिबा पवण निरोधिबा, थांन मांन सब धंधा।
बदंत गोरखनाथ आत्मां विचारत...।

कहते हैं गोरख: करना हो तो एक ही बात करना, वह जो भीतर छिपा है उसका विचार करना। मैं कौन हूं, इस विचार में उतरना।

ज्यों जल दीसै चंदा!

और अगर तुम उस तक पहुंच गये, तो जैसे जल में चंद्रमा दिखायी पड़ता है, ऐसे ही अपने भीतर परमात्मा की झलक मिल जायेगी।

सूनी आंखों में रंग प्यार का भर लो,
पतझर में भी मधुमास दिखाई देगा!

माना, यमुना के तट पर आज उदासी,
माना, उजड़ा-उजड़ा-सा है वृंदावन;
माना, पनघट वीरान पड़ा बरसों से,
हर ओर दिखाई देता है सूनापन!
उर में मुरली की तान बसा कर देखो—
सनेपन में भी रास दिखाई देगा!
सूनी आंखों में रंग प्यार का भर लो
पतझर में भी मधुमास दिखाई देगा!

प्रियतम को दूर बताकर तुम रोते हो,
तुमने शायद तन को ही प्यार किया है,
मन की समीपता को न कभी पहचाना,
अपराध न यह अब तक स्वीकार किया है!
मन में छलिया का रूप बसाकर देखो—
छलना में भी विश्वास दिखाई देगा!
सूनी आंखों में रंग प्यार का भर लो,
पतझर में भी मधुमास दिखाई देगा!

कागज के फूल चढ़ाते हो प्रतिमा पर?
तुम पूजा को खिलवार समझ बैठे हो!
प्यासे मृग-से दीवाने बने हुए हो,
बालू को ही जलधार समझ बैठे हो!
तन से जो कोसों दूर दिखाई देता,
मन में खोजो तो पास दिखाई देगा!
सूनी आंखों में रंग प्यार का भर लो,
पतझर में भी मधुमास दिखाई देगा!

मंजिल तो न्यौछावर होने आयेगी,
बहके-बहके चरणों की चाल संभालो;
मनुहार करो मत चांद-सितारों की तुम,
केवल अपने उर को आकाश बना लो!
मीरा जैसा संकल्प संजोकर देखो,
विष में अमृत का वास दिखाई देगा!
सूनी आंखों में रंग प्यार का भर लो,
पतझर में भी मधुमास दिखाई देगा!

आकाश बनो। निर्विचार बनो। मौन बनो। भीतर जगो; भीतर जाग कर देखो। एक ही प्रश्न है सार्थक पूछने जैसा—मैं कौन हूं? पूछे जाओ, पूछे जाओ, पूछे जाओ...तीर की तरह चुभने दो इस प्रश्न को—मैं कौन हूं? मैं कौन हूं?

और बहुत उत्तर राह में आयेंगे, कोई उत्तर स्वीकार न करना। एक किनारे से कुरान बोलेगा कि तुम कौन हो। कह देना कि चुप! एक तरफ से गीता बोलेगी कि तुम कौन हो। कह देना कि चुप। एक तरफ से वेद बोलेंगे, धम्मपद बोलेगा। कह देना, चुप। सुनना ही मत शास्त्रों की।

और ऐसा नहीं कि शास्त्र गलत कहते हैं। शास्त्र बिलकुल सही कहते हैं। मगर तुम शास्त्र की सुनना मत; अन्यथा तुम अपनी सुनने से वंचित रह जाओगे। तुम तो चले जाना भीतर और भीतर...और इंकार करते जाना थोथे ज्ञान को, जो तुमने सीख लिया बाहर से—पंडित से, मौलवी से, पुरोहित से। कह देना नहीं, मुझे जानना है। मुझे स्वयं ही जानना है। मैं अपना ही जानूंगा तो मानूंगा, अन्यथा कुछ न मानूंगा।

हटा देना सब शास्त्र। चले जाना भीतर। हो जाना बिना शास्त्र के, बिना विचार के। एक ऐसी घड़ी आयेगी, प्रश्न ही गूंजता रह जायेगा, कोई उत्तर न उठेगा। मैं कौन हूं?...और कोई उत्तर न आयेगा। समझना, आधी यात्रा पूरी हो गयी, अब सब उत्तर गिर गए। बासे, सिखाए गए पढ़ाए गए, तोतों की तरह रटे गये...ग्रामोफोन रिकार्ड सब छूट गए पीछे। अब सिर्फ तुम्हारा प्रश्न बचा है—मैं कौन हूं? यह आधी यात्रा। एक

कदम पूरा हो गया—और बड़ा कदम पूरा हो गया! असली कदम पूरा हो गया। दूसरा कदम तो बहुत आसान है।

अब पूछते जाना: मैं कौन हूं? मैं कौन हूं? मैं कौन हूं? और तुम चकित हो जाओगे, एक घड़ी आयेगी, प्रश्न भी छूट जायेगा। ऐसा सन्नाटा खिंचेगा कि प्रश्न भी बनाये न बनेगा। चाहोगे भी पूछना, तो न पूछ सकोगे। पहले उत्तर गिर जायेंगे—बासे, सिखाये, शास्त्रों से पढ़े। फिर प्रश्न गिर जायेगा। और जहां न प्रश्न है न उत्तर है, वहीं उत्तर है! अब प्रश्न भी नहीं कि मैं कौन हूं! लेकिन तुम जागोगे और देखोगे। तीर जगा गया। तीर छिद गया हृदय में। उसकी पीड़ा तुम्हें चौंका गयी, उठा गयी, तोड़ गई तंद्रा, छूट गयी नींद, हो गयी सुबह। और तब तुम आंख खोल कर देखना। तब तुम चकित हो जाओगे; यह जगत उसी का जगत है! इसके पत्ते-पत्ते पर उसी की छाप है! इसके कण-कण पर उसी का हस्ताक्षर है!

और फिर गीता पढ़ना। फिर कुरान गुनगुनाना। और तुम हैरान हो जाओगे, जो तुमने जाना है, वही कुरान है। जो तुमने जाना है वही गीता है। अब गीता और कुरान और धम्मपद और बाइबिल, सब तुम्हारे गवाह हो गये। मेरी ये बातें पंडितों को, मौलवियों को बड़ा कष्ट दे जाती हैं। और मैं यह कह रहा हूं कि तुम असली कुरान कैसे पाओ, तुम्हारे भीतर असली कुरान की आयत कैसे उठे। मैं तुम्हें असली कुरान खोजने की कुंजी दे रहा हूं। मगर जो कुरान रटकर बैठा है उसे तो अड़चन लगेगी। वह तो कहेगा कि मैंने कहा, कुरान की आवाज आये तो मत सुनना; कह देना चुप रहो। यह तो अपमान हो गया कुरान का। समझोगे या नहीं समझोगे?

मुझ से ज्यादा किसी ने प्रेम किया होगा कुरान को, उपनिषद को, गीता को, बाइबिल को? मुझसे ज्यादा किसी ने स्मरण किया है मुहम्मद का, महावीर का, बुद्ध का, कृष्ण का, क्राइस्ट का? लेकिन फिर भी मैं तुम से कहता हूं: राह पर जब तुम्हें बुद्ध और कृष्ण और क्राइस्ट और मुहम्मद मिलें, हटा देना; कहना, हट जाओ मार्ग से; रास्ता दो। मुझे जाने दो। मुझे रोको मत, मुझे अटकाओ मत। मुझे मेरे गंतव्य तक पहुंच जाने दो। मैं तुम्हें भी तभी जान पाऊंगा जब मैं अपने पर पहुंच गया हूं। उसके पहले तुम बासे हो, उधार हो। उसके पहले मैं तुम्हें खाक समझूंगा! तुम कुछ कहोगे, मैं कुछ और समझूंगा। तुम सत्य कहोगे, मैं शब्द पकड़ लूंगा। जब तक तुम्हारी जैसी ही भाव-दशा मेरी न हो जाये।

जैसे मुहम्मद के निर्जन निवास में पहाड़ पर एक दिन कुरान उतरी...। जैसी दशा मुहम्मद की उस दिन थी जिसमें कुरान उतरी, जब तक तुम्हारी न हो जाये, तब तक तुम कुरान को न जान पाओगे। गीता को जानना हो, तो कृष्ण जैसा चित्त चाहिए। अर्जुन भी हो गये, तो भी न जान पाओगे। अर्जुन, देखो कितना विवाद कर रहा है कृष्ण से; नहीं समझ पा रहा है। अर्जुन इतने निकट है, इतना मित्र, संगी-साथी है बचपन का। एक-दूसरे के साथ खेले हैं। एक-दूसरे के साथ मिले-जुले हैं, मैत्री है; मगर फिर भी अर्जुन नहीं समझ पा रहा है। कृष्ण कुछ कहते हैं, अर्जुन कुछ पूछे चला जाता है।

तुम कैसे समझोगे—तुम जो इतने दूर हो? हजारों सालों का फासला है तुम्हारे और कृष्ण के बीच—भाषा का, भाव का, विचार का, संस्कार का, संस्कृति का, समाज का, इतना लंबा फासला...। अर्जुन नहीं समझ पा रहा है, तुम कैसे समझ पाओगे? नहीं, तुम कुछ का कुछ समझ लोगे।

कृष्ण-चेतना तुम्हारे भीतर पैदा हो, तो ही तुम गीता समझ पाओगे। और मुहम्मद जैसा भाव तुम्हारे भीतर हो, तो तुम्हारे भीतर भी कुरान उतरेगी। कोई मुहम्मद पर ही परमात्मा की विशेष कृपा थोड़े ही है। परमात्मा किसी पर विशेष कृपा नहीं करता; उसकी अनुकंपा समान है। सब पर एक जैसी बरस रही है। जो खाली हैं वे भर जाते हैं, जो भरे हैं वे खाली रह जाते हैं—बस इतना ही खयाल रखना। वर्षा होती है पहाड़ों पर भी, लेकिन पहाड़ खाली रह जाते हैं, क्योंकि भरे हैं। झीलों में भी वर्षा होती है, लेकिन झीलें भर जाती हैं, क्योंकि खाली हैं।

शून्य हो जाओ पहले तो भर जाओगे। मगर तुम्हारा कुरान, तुम्हारी गीता, तुम्हारी बाइबिल, तुम्हारे वेद भरे हैं। तुम पहाड़ बने बैठे हो—ज्ञान के पहाड़! उसी से तुम अज्ञानी हो। हटाओ इन पहाड़ों को। इन पहाड़ों की ओट में अपने अज्ञान को छिपाओ मत। अपने अज्ञान को नग्न करो, निर्वस्त्र करो। खोल दो उसके सामने अपने सारे घावों को। खाली हो तो खाली सही; जैसे भी हो उसके हो। सूने हो, शून्य हो, शून्य सही; जैसे भी हो उसके हो। अपने शून्य पात्र को उसके सामने कर दो। और तुम तत्क्षण भर जाओगे उसकी रोशनी से। और वही रोशनी प्रमाण बन जायेगी सारे शास्त्रों का। उसी रोशनी में तुम्हारे भीतर शास्त्र का जन्म शुरू हो जायेगा।

शास्त्र तो रोज पैदा होते हैं; जब भी कोई ध्यान को उपलब्ध होता है तभी शास्त्र पैदा हो जाते हैं। जैसे गंगोत्री से गंगा निकलती है, ऐसे समाधि से शास्त्र निकलते हैं।

केता आवै केता जाइ। केता मांगै केता खाइ।

केता रुष-बिरष तलि रहै। गोरख अनभै कासौं कहै।।

गोरख कहते हैं: कई आते हैं और कई जाते हैं। मगर मुश्किल से कोई एक-आध ऐसा आता है जो टिक रहे।

यहां भी कई आते हैं कई जाते हैं। केता आवै केता जाइ। और जो आ कर चला जाता है वह सोचता है वहां कुछ भी नहीं था, इसलिए चले आये...। लेने की क्षमता न थी। खुलने की हिम्मत न थी। अज्ञान को स्वीकार करने की तत्परता न थी। नग्न होने, उघड़ने का साहस न जुटा सके, इसलिए पलायन कर गये। मगर सोच कर यही जाता है जाने वाला कि यहां क्या है? यहां कुछ नहीं, कहीं और चलें।

केता आवै केता जाइ।

ऐसा गोरख ने भी देखा होगा। न मालूम कितने लोग आये, न मालूम कितने लोग गये।

केता मांगै केता खाइ।

बहुत से मांगते हैं ज्ञान की भीख, मगर बहुत कम हैं जो उसे खाते हैं और पचाते हैं।

और जब तक ज्ञान पचाया न जाये, जब तक खून-मांस-मज्जा न बने, तब तक कुछ भी न होगा। लोग ज्ञान को ऐसे ही भर लेते हैं खोपड़ी में, जैसे कोई बिना पचाये भोजन को अपने पेट में डालता जाये। इससे तो रोग पैदा होगा, उपाधि लगेगी, व्याधि लगेगी। इससे निरोगता न आयेगी। जैसे भोजन बे-पचा पेट में पड़ा रहे तो जहर है, ऐसे ही ज्ञान बे-पचा मस्तिष्क में पड़ा रहे तो जहर है। ऐसे ही जहर से पंडित और मौलवी पैदा होते हैं। ज्ञानी बनना हो तो खयाल रखना: पाचन की शक्ति जगानी होगी। परमात्मा को पचाने की क्षमता चाहिए। ध्यान में ही यह हो सकेगा। भीतर ध्यान का आकाश होगा; तो ही तुम परमात्मा को अपने में समाविष्ट करने में सफल हो पाओगे।

केता आवै केता जाइ। केता मांगै केता खाइ।

कितने मांगते हैं, मगर पचा कौन पाता है? कितने पूछते हैं, लेकिन उत्तर को ग्रहण कौन करता है!

केता रुष-विरष तलि रहै।

गोरख के पास लोग आते होंगे। कुछ रुक भी जाते होंगे। बैठ गये वृक्षों के नीचे, जैसे इस देश में चलते थे पुराने दिनों में योगी; अब भी...बैठ गये वृक्ष के नीचे। कुछ दिन रहे। धूनी तापी, चिलम पी। कुछ उल्टा-सीधा, इरछा-तिरछा योग सीधा। कुछ मान-सम्मान पाया। आगे बढ़ गये।

गोरख अनभै कासौं कहै।

गोरख कहते हैं कि कहना चाहता हूं। मिल गया मुझे। मगर किससे कहूं? लोग टिकते नहीं; आते हैं चले जाते हैं। कोई पूछता भी है, तो थोथा प्रश्न होता है जिज्ञासु का, कुतूहल से भरा हुआ; मुमुक्षा का नहीं। किसको उत्तर दूं? कुछ आते हैं, जो अपनी मान-मर्यादा पाने के चक्कर में हैं। वृक्ष के नीचे बैठे। आसन जमाया। धूनी रमायी। दो दिन रहे, आगे बढ़े। कुछ हैं जो धंधे में लगे हैं।

गोरख अनभै कासौं कहै।

यह पीड़ा सभी ज्ञानियों की रही। मिल गया है, देना चाहते हैं, बांटना चाहते हैं। सत्य बंटना चाहता है। मगर किसको दो? पात्र नहीं मिलते। किसको दो, कोई लेने को तैयार नहीं है। लोग व्यर्थ को लेने को आतुर हैं, कचरा-कूड़ा लेने को आतुर हैं। लेकिन सत्य को लेने को कोई आतुर नहीं है। क्योंकि महंगा सौदा है, सत्य को लेने का अर्थ होता है: मरना पड़ेगा। तुम मरोगे तो सत्य ले सकोगे।

मरौ हे जोगी मरौ, मरौ मरण है मीठा।
तिस मरणी मरौ, जिस मरणी मरि गोरख दीठा।।

ले तो सकेगा सत्य को वही जो मिटने को तैयार है; जो कहता है कि मैं अपनी कीमत जीवन से भी देने के लिए तैयार हूं; यह मेरा जीवन जाये तो जाये, सत्य लेकिन मुझे चाहिए। ऐसी जिसकी त्वरा है, ऐसी ज्वलंत जिसकी अभीप्सा है, ऐसी जिसकी प्यास है—बस वही पा सकेगा।

तो अनभै कासौं कहै। मुझे मिल गया, गोरख कहते हैं, अभय ज्ञान। मुझे मिल गया

वह ज्ञान जहां मृत्यु नहीं घटती, इसलिए जहां कोई भय नहीं। मैंने जान लिया वह, जो अमृत है। बांटना चाहता हूं। यह भरा हुआ कलश लेकर घूम रहा हूं कि कोई ले ले। मगर लेने वाले नहीं मिलते हैं।

बिरला जाणंति भेदांनिभेद। बिरला जाणंति दोइ पष छेद।

बिरला जाणंति अकथ कहाणी। बिरला जाणंति सुधि बुधि की वाणी।।

बहुत बिरले हैं—गोरख कहते हैं—जिनको भेद है कि क्या व्यर्थ है और क्या सार्थक है। सार और असार में जिन्हें भेद है, ऐसे बहुत विरले हैं। वे ही ले सकेंगे। जो धन के पीछे दीवाने हैं, वे ध्यान न ले सकेंगे। उन्हें अभी पता ही नहीं कि कौन-सी बात सार्थक है, कौन-सी व्यर्थ है। जो पद के पीछे दीवाने हैं, वे प्रार्थना न ले सकेंगे। अभी तो कचरा जोड़ने में लगे हैं। अभी तो राह के किनारे कंकड़ बीन रहे हैं। अभी तुम उनको कहोगे भी कि आओ हमारे साथ, हीरे की खदानों पर ले चलें; वे जाने को राजी नहीं होंगे। उन्हें हीरों का कुछ पता ही नहीं है। हीरे होते भी हैं, इसका पता नहीं है। उन्होंने तो कंकड़-पत्थर को ही हीरा मान लिया है।

बिरला जाणंति भेदांनिभेद। बिरला जाणंति दोइ पष छेद।

ये जो पक्ष-विपक्ष हैं, ये दोनों छेदवाले हैं—ऐसा विरलों को ही पता है। जीवन का सत्य पक्ष-विपक्ष में बंटने से नहीं मिलता, कि तुमने यह वाद मान लिया या वह वाद मान लिया, तुमने यह शास्त्र मान लिया कि वह शास्त्र मान लिया; कि तुम हिंदू हो गये कि मुसलमान हो गये। पक्ष-विपक्ष में बंटने से सत्य नहीं मिलता। सत्य तो निष्पक्ष को मिलता है।

इसलिए मैं तुम से बार-बार कहता हूं कि जो धार्मिक है वह किसी संप्रदाय का हिस्सा नहीं हो सकता। धार्मिक होने की शर्त ही यही है कि निष्पक्ष हो जाये। खोजी रहे, खुला रहे। फिर जहां से भी पुकार आ जाये उसी तरफ चल पड़े। फिर यह सोच-विचार न करे कि किससे लूं और किससे न लूं। नहीं तो जैन जाता है केवल जैन मुनि के पास, चाहे जैन मुनि के पास हो या न हो। अगर हिंदू को मिल गया है, तो भी जैन वहां न जायेगा। मुसलमान जाता है अपने फकीर के पास, चाहे वहां हो चाहे न हो। अगर किसी जैन मुनि को मिल गया है तो मुसलमान नहीं जाता। और ऐसी ही औरों की गति है। ये पक्षों के कारण, सत्य यहां मिल भी जाता है लोगों को, तो भी तुम नहीं उपलब्ध कर पाते। तुम अटके रह जाते हो।

निष्पक्ष बनो।

बिरला जाणंति दोइ पष छेद।

इस पक्ष में उस पक्ष में, सब तरफ छेद ही छेद हैं। पक्ष मात्र में छेद है। निष्पक्ष हो जाओ, तो तुम निष्छिद्र हो जाओ। और जो निष्छिद्र है, वही सत्य को झेल सकेगा। उसमें वर्षा होगी अमृत की, तो उसका पात्र भर जायेगा।

बिरला जाणंति अकथ कहाणी।

और बहुत कम हैं जो उसको जान पाते हैं, जो नहीं कहा जा सकता। अब जो कहा

नहीं जा सकता, वह लिखा भी नहीं जा सकता। जो बोला नहीं जा सकता, बताया नहीं जा सकता, उसे कैसे जानोगे शास्त्र से? उसे कैसे समझोगे पंडित से? उसे जानने के लिए तो उसके पास बैठना होगा जिसने जान लिया हो। उसके पास बैठते-बैठते चमत्कार घटता है। सत्संग में जानना होगा उसे।

सत्संग इस जगत का सब से बड़ा चमत्कार है। सत्संग छूत की बीमारी है, संक्रामक है। जिसने जान लिया है, उसके पास बैठते-बैठते रोग उसको भी लग जाता है, जिसने नहीं जाना। जानने का रोग, ध्यान का रोग, मस्ती का रोग—अगर रोग कहना चाहो; कहना तो नहीं चाहिए। कहना चाहिए संक्रामक स्वास्थ्य। उसका स्वास्थ्य लग जाता है। उसकी स्व-स्थिति तुम्हें भी लग जाती है। तुम्हारे भीतर भी भनक होने लगती है।

गुरु के पास बैठ कर उसके तार में तार मिलाना। गुरु के पास बैठ कर उसके छंद में लीन होना। गुरु के पास बैठ कर उसके शून्य को पीना। गुरु के पास बैठ कर उसकी उपस्थिति में डूबना। अगर होगा, तो बस इसी तरह होता है, और किसी तरह नहीं होता। बुझे दीये को हम जले दीये के पास ले जाते हैं—पास और पास और पास...।

एक ऐसी घड़ी आती है जहां तत्क्षण जले दीये से बुझे दीये पर ज्योति छलांग लगा जाती है। मगर पास लाना पड़ता है। तुम मील भर दूर रखो बुझे दीये को जले दीये से, तो घटना नहीं घटेगी। आधा मील दूर रखो तो भी नहीं घटेगी। एक गज दूर रखो तो भी नहीं घटेगी। एक फीट दूर रखो तो नहीं घटेगी। सरकाते जाओ, सरकाते जाओ, सरकाते जाओ...छह इंच पर भी नहीं घटेगी, चार इंच पर भी नहीं घटेगी। लेकिन एक घड़ी आती है, इंच या आधा इंच की दूरी और पाव इंच की दूरी...और बस...जो होना था हो गया। एक क्षण में छलांग लग जाती है। सत्संग का यही अर्थ है: ज्योति से ज्योति जले!

यह अकथ है सत्य, कहा नहीं जा सकता। लेकिन ज्योति से ज्योति जलाई जा सकती है।

बिरला जाणंति सुधि बुधि की वाणी।

इसीलिए, जो सिद्ध हो गये, जो बुद्ध हो गये, उनकी वाणी को बहुत विरले समझ पाते हैं, क्योंकि वे बोलते क्या हैं? जो नहीं बोला जा सकता, उसको कैसे बोलेंगे? फिर बुद्ध क्यों बोलते हैं?

सारे बुद्ध बोलते रहे हैं। बोलते हैं तुम्हें पुकारने को कि पास आ जाओ। बोलने से सत्य नहीं मिल सकता। लेकिन बोलने के कारण तुम पास आते जाओगे। यह पुकार है कि और सरक आओ, और थोड़ा, और थोड़ा, और थोड़ा...। सरकते-सरकते एक क्षण ज्योति छलांग लगा जाती है।

संन्यासी सोइ करै सब नास। गगन मंडल महि मांडै आस।
अनहद सूं मन उनमन रहै। सो संन्यासी अगम की कहै।।

सत्संग में संन्यास का जन्म होता है। संन्यास का अर्थ होता है: सम्यक न्यास। जो व्यर्थ है, उसे परिपूर्ण रूप से छोड़ देना।

संन्यास का अर्थ संसार छोड़ देना नहीं है; संन्यास का अर्थ व्यर्थ पर पकड़ छोड़

देना है और सार्थक के लिए उन्मुख हो जाना है, सार्थक के लिए तत्पर हो जाना है, ग्राहक हो जाना है।

संन्यासी सोइ करै सब नास।

जो सर्वन्यास कर दे—जो सब भांति व्यर्थ को छोड़ दे, वही संन्यासी। जो सत्संग में सब छोड़ने को राजी हो जाये, वही संन्यासी।

गगन मंडल महि मांडै आस।

वह कोई ऐसी छोटी-मोटी आसन लगाने में नहीं पड़ता—शीर्षासन और सर्वांगासन और पद्मासन और सिद्धासन, और इस सब के उपद्रव में नहीं पड़ता है। वह तो एक ही आसन लगाता है—शून्य में आसन लगाता है। गगन मंडल महि मांडै आस। गगन मंडल का अर्थ होता है: भीतर का आकाश। भीतर के शून्य में आसन जमाता है। वहां निर्विचार हो कर बैठ रहता है।

अनहद सूं मन उनमन रहै।

वहीं बैठकर शून्य में डूबता है।

शून्य में डूबना उनमन होना है। उनमन यानी मन के पार होना है—अमन होना है। और तब अनहद का नाद सुनायी पड़ता है। तब परम संगीत—ओंकार, अनहद बजने लगता है। वहीं से उठे वेद, वहीं से उठे उपनिषद, वहीं से कुरान; वहीं से जीसस के, बुद्ध के, महावीर के वचन। वे सब अनहद से उठे हैं।

अनहद सूं मन उनमन रहै। सो संन्यासी अगम की कहै।

और फिर जो वहां पहुंच गया है, वह अगम की कहने लगता है, जिसकी कोई सीमा नहीं है; जिसको पार पाने का कोई उपाय नहीं है; जिसकी कोई थाह नहीं है—अथाह और अगम है; जिसमें डूबो तो डूबते ही चले जाओ और कभी थाह न मिले।

लेकिन जो अपने भीतर के अनहद को सुन लिया है, वह उस अगम की खबर ले आता है। वह अपने व्यक्तित्व से अगम की तरंगें विकीर्णित करने लगता है। वह जिसे छू दे, उसे अगम का स्वाद मिले। वह जिसे अपनी छाती से लगा ले, उसे अगम ने छाती से लगा लिया। मगर ऐसे व्यक्ति की छाती से लगने के लिए तुम्हारे पास बड़ी छाती चाहिए, बड़ा खुला हृदय चाहिए। संकीर्णताएं होंगी तो यह अपूर्व घटना नहीं घट पायेगी।

दरवेस सोइ जो दर की जाणै।

क्या प्यारी परिभाषा की! कहा, दरवेस कौन? वही जो दर की जाने, जिसे घर का पता चल गया। जिसे दरवाजा मिल गया। जिसे परमात्मा का द्वार मिल गया।

दरवेस सोइ जो दर की जाणै।

जिसे अपना घर मिल गया। जिसकी तलाश थी, जिसकी खोज थी, पहुंच गये वहां। परम स्थान आ गया।

दरवेस सोइ जो दर की जाणै। पंचे पवण अपूठा आनै।

और जिसने अपनी पांचों इंद्रियों को उल्टा लिया है। आंख अब उसकी बाहर नहीं देखती, भीतर देखती है; और कान अब उसके बाहर नहीं सुनते, भीतर सुनते हैं। क्योंकि

भीतर अनहद का नाद हो रहा है। और भीतर अरूप का रूप दिखाई पड़ रहा है। अब उसके नासापुट बाहर की गंध नहीं लेते, भीतर की गंध लेते हैं, क्योंकि वहां सुगंधों की सुगंध है—गंधराज! वहां परमात्मा की सुवास है। अब उसकी सारी इंद्रियां भीतर की तरफ उन्मुख हो गयी हैं। इस को ही पतंजलि ने प्रत्याहार कहा है।

पंचे पवण अपूठा आनै!

जिसने अपनी पांचों इंद्रियों की ज्योति को भीतर की तरफ मोड़ लिया है। जिसने पांचों इंद्रियों से बाहर जाने की यात्रा बंद कर दी; जो भीतर लौट आया।

सदा सुचेत रहै दिन राति।

ऐसा व्यक्ति चौबीस घंटे सावधान होता है, सचेत होता है, जागरूक होता है।

सदा सुचैत रहै दिन राति।

दिन में ही नहीं—रात में भी। तुम तो दिन में भी सोये हुए हो, वह रात में भी जागा होता है।

कृष्ण ने कहा न, योगी रात को भी सोता नहीं। जो सब के लिए रात्रि है, उसके लिए वह भी जागरण है। या निशा सर्वभूतायां तस्यां जागर्ति संयमी। वही संयमी है, वही साधु है, वही संन्यासी है—जो रात में भी जागा होता है।

क्या अर्थ है इसका? शरीर तो सो जाता है, लेकिन भीतर एक भाव, एक बोध, एक अनुस्मरण बना रहता है। भीतर भान बना रहता है। नींद में भी भान की यह जो दशा है, यह परम सिद्धि है। जिसे यह मिल गयी, वह मृत्यु में भी जागा हुआ जायेगा। क्योंकि तुम तो नींद में भी जागे हुए नहीं जा सकते तो मृत्यु में कैसे जागे हुए जाओगे? मृत्यु तो महानिद्रा है। और निद्रा छोटी-सी मृत्यु है। तो नींद में जागना होगा। जो नींद में जाग कर सो सकता है, जागा-जागा सो सकता है, उसने कला सीख ली। उसके हाथ कुंजी आ गयी। अब वह मरेगा, तो भी जागा हुआ जायेगा।

जो जाग कर मर जाता है, उसका फिर पुनर्जन्म नहीं है। वह फिर नहीं लौटता क्षुद्र में। वह फिर विराट में ही तिरता है। उस अवस्था का नाम निर्वाण, मोक्ष, या सूफी फकीर जिसको फना कहते हैं।

जीबिता बिछायबां मूंवां ओढिबा, कवहु न होइबा रोगी।

इसलिए ज्ञानियों ने, बुद्ध ने, महावीर ने, बहाऊद्दीन ने, जुन्नैद ने, मंसूर ने, रमण ने, कृष्णमूर्ति ने एक ही बात बार-बार कही है: जाग कर जीयो, होशपूर्वक जीयो। क्योंकि जितना होश सम्हल जायेगा, उतना ही रोग विदा हो जायेगा। होश से भरा हुआ आदमी क्रोध नहीं कर सकता। करता भी हो, तो नाटक ही होगा, अभिनय ही होगा।

जीसस ने कोड़ा उठा लिया था मंदिर में जा कर और मंदिर में ब्याज का धंधा करनेवाले लोगों के तख्ते उलट दिये थे, खदेड़ कर उन्हें बाहर कर दिया था। मगर मैं तुम से कहता हूं, वह अभिनय ही था। जीसस जैसा व्यक्ति क्रुद्ध नहीं हो सकता; हां, क्रोध का अभिनय करना चाहे, तो बराबर कर सकता है। और इतनी कुशलता से कर सकता है जितनी कुशलता से कोई और न कर सकेगा।

जीबिता बिछायबा मूंवां ओढिबा, कवहू न होइबा रोगी।
बरसवै दिन काया पलटिबा...।

फिर प्रतीक्षा करना। जाग जाना और प्रतीक्षा करना। बरस दिन में, आज नहीं कल, कल नहीं तो परसों, कभी-न-कभी...

बरसवै दिन काया पलटिबा!

बरस, दिन में एक दिन वह परम घड़ी आ जायेगी, वह पुनीत क्षण आ जायेगा कि काया पलट जायेगी। पूरी काया पलट जायेगी। अभी सब बाहर की तरफ है, फिर सब भीतर की तरफ हो जायेगा। अभी सारी ऊर्जा बाहर दौड़ी जा रही है, तुम बिखरे जा रहे हो। फिर ठीक उल्टी प्रक्रिया हो जायेगी। सब केंद्र पर लौट आयेगा।

ऐसा समझो कि जैसे बीज, बीज की सारी ऊर्जा केंद्र पर है। फिर बीज टूटा, वृक्ष बना, फैला, शाखाएं निकलीं, पत्ते निकले, दूर-दूर आकाश में फूल खिले—यह फैलाव हुआ। फिर वृक्ष वापस लौटा। फिर सिकुड़ा। अपने भीतर आया। अंतर्मुखी हुआ। ऊर्जा फिर बीज बन गयी। बीज हम प्रथम में थे और बीज हमें फिर अंतिम में हो जाना है। यह जो फैलाव है, संसार है, यह बीच की घड़ी है। योगी फिर बीज हो जाता है, वृक्ष खो जाता है। बाहर फैलती हुई शाखाएं, अब बाहर नहीं फैलतीं। बाहर दौड़ती हुई इंद्रियां अब बाहर नहीं दौड़तीं। अब अंतर्गमन हो जाता है। सारी ऊर्जा अपने पर ही आ जाती हैं। अब पंखुड़ियां खुलती नहीं, अपने में बंद हो जाती हैं। सब अपने में लीन हो जाता है।

संसार है विस्तार, फैलाव, परिधि की तरफ दौड़—एक्सप्लोजन। ध्यान है, समाधि है—इनप्लोजन, केंद्र की तरफ लौटना, प्रत्याहार, प्रतिक्रमण—अपने घर आ जाना।

बरसवै दिन काया पलटिबा...।

प्रतीक्षा करना जाग कर; आज नहीं कल, कल नहीं परसों, बरस दिन में सब रूपांतरण हो जायेगा। मिट्टी की काया है तुम्हारी अभी, सोने की हो जायेगी। मरणधर्मा है काया तुम्हारी अभी, अमृत की हो जायेगी। समय की है तुम्हारी काया अभी, शाश्वत की हो जायेगी।

यूं कोई बिरला जोगी।

ऐसा कभी-कभी किसी व्यक्ति को हो पाता है। हो सब को सकता है। होना सभी को चाहिए। सभी का अधिकार है। मगर मांगते नहीं अधिकार हम अपना।

गगन-मंडल में गाय बियाई...!

और उस शून्य आकाश में—गगन-मंडल—वह जो भीतर का शून्य आकाश है, उस में गाय बियाई। बड़ा प्यारा वचन है! उस में गाय ने जन्म दिया।

गगन-मंडल में गाय बियाई, कागद दही जमाया।

शास्त्र में उसी ब्याई हुई गाय के दही को जमाया गया।

कागद दही जमाया।

उसी से कुरान बनती है। उसी से वेद। उसी से उपनिषद। उसी से धम्मपद।

गगन-मंडल में गाय बियाई!

लेकिन घटना घटी है शून्य में। लेकिन उस शून्य को संसार तक लाने के लिए और कोई उपाय नहीं है कि उस का दही जमाया जाये कागज पर। तो शब्दों में उसका दही जमाया, सिद्धांतों में उसका दही जमाया। मगर खयाल रखना, जो मीठा था, खट्टा हो गया जमते ही। जब तक नहीं बोला था, तब तक सत्य सत्य था; बोला, असत्य हो गया।

इसलिए लाओत्सु ने कहा है: सत्य बोले नहीं, कि असत्य हुआ नहीं। बोलो और असत्य हुआ। जो मीठा था, खट्टा हो गया। जो शब्द के बाहर था, तो विराट था, अपार था; शब्द में आते ही संकीर्ण हो गया, छोटा हो गया।

गगन-मंडल में गाय बियाई, कागद दही जमाया।

छाछि छाछि पंडिता पीवीं...।

और वे जो पंडित हैं—मौलवी, पंडित, पुरोहित—वे छाछ छाछ पी रहे हैं। दही में से भी। दही भी पूरा नहीं लेते वे। वे दही की भी छाछ बना रहे हैं। शास्त्र को भी जैसा शास्त्र ने कहा है वैसा नहीं समझते; उसकी व्याख्या करते हैं; उसकी टीका करते हैं पहले। पहले अपने मतलब का मतलब निकालते हैं। जो अपने से बैठ जाये, ऐसा अर्थ खोजते हैं। अपने अनुकूल अर्थ बनाते हैं।

एक तो सत्य को बोला, उसी वक्त सत्य खट्टा हो गया। जब पंडित शास्त्र को समझता है, शब्द को समझता है, उस पर व्याख्या के नये अर्थ आरोपित कर देता है। अब तो दही भी न रहा, छाछ ही हो गयी। इस पंडित की व्याख्या में मक्खन भी खो गया।

सिधां माखण खाया।

सिर्फ सिद्ध पुरुष ही पहचान पायेंगे शास्त्रों के मक्खन को।

शास्त्र को दो तरह के लोग पढ़ते हैं—एक ज्ञानी और एक ध्यानी। जब ज्ञानी पढ़ता है, छाछ हाथ लगती है। जब ध्यानी पढ़ता है, मक्खन हाथ लगता है। शास्त्र को जानने का उपाय ज्ञान नहीं है, ध्यान है। शास्त्र को जानने का उपाय शब्द की व्याख्या नहीं है, निःशब्द की यात्रा है। जितने तुम शून्य हो जाओगे, उतने ही शास्त्र का सम्यक अर्थ तुम्हारे सामने प्रगट होगा।

गगन-मंडल में गाय बियाई, कागद दही जमाया।

छाछि छाछि पंडिता पीवीं, सिधां माखण खाया।

और जो माखन खा लेते हैं, उनके जीवन में क्रांति घटती है—ऐसी क्रांति, कि सब कुछ रसमय हो जाता है।

जो अपनी तस्वीर बनाई, वह तस्वीर तुम्हारी निकली!

जब-जब अपना चित्र बनाया
तब-तब ध्यान तुम्हारा आया!
मन में कौंध गई बिजली-सी
छवि का इंद्रधनुष मुसकाया!

सुख की एक घटा-सी छाई,
भीग गया जीवन आंगन-सा,
घूम गई कूंची दीवानी, हर रेखा मतवारी निकली!
जो अपनी तस्वीर बनाई वह तस्वीर तुम्हारी निकली!

मेरा रूप तुम्हारा निकला,
मेरा रंग तुम्हारा निकला,
जो अपनी मुद्रा समझी थी,
वह तो ढंग तुम्हारा निकला!
धूप और छाया का मिश्रण
यौवन का प्रतिबिंब बन गया,
होश समझ बैठा था जिसको, वह रंगीन खुमारी निकली!
जो अपनी तस्वीर बनाई, वह तस्वीर तुम्हारी निकली।

मैंने बार-बार झुंझलाकर
रंग बदले, आकृतियां बदलीं,
जो नव आकृतियां अंकित कीं
वे भी प्राण! तुम्हारी निकलीं!
अपनी प्यास दिखाने मैंने
रेगिस्तान बनाना चाहा,
पर तसवीर हुई जब पूरी, फागुन की फुलवारी निकली!
जो अपनी तस्वीर बनाई, वह तस्वीर तुम्हारी निकली!

तुम से भिन्न कहां जग मेरा?
तुम से भिन्न कहां गति मेरी?
तुम से भिन्न स्वयं को समझा,
बहक गई कितनी मति मेरी!
मेरी शक्ति तुम्हीं से संचित,
मेरी कला तुम्हीं से प्रेरित,
जिसको मैं अपनी जय समझा, वह तो तुम से हारी निकली!
जो अपनी तस्वीर बनाई, वह तस्वीर तुम्हारी निकली!

एक बार शून्य का स्वाद मिल जाये, फिर सब उसी का है। उठो, बैठो—पूजा। सोओ, जागो—परिक्रमा। खाओ, पीयो—सेवा। जो करो, जैसा करो उस सभी में प्रार्थना का रंग और ढंग। और जो दिखाई पड़े, उसी की छवि। फिर मंदिर में भी वही,

मस्जिद में भी वही। फिर गुरुद्वारे में भी वही, गिरजे में भी वही। पत्थर में भी वही, पहाड़ों में भी वही। चांद-तारों में भी वही। एक बार अपने भीतर पहचान हो जाये...।

उस पहचान के लिए ही तुम्हें निमंत्रित कर लिया है। तुम आ भी गये हो। उनमें से मत होना जो आते हैं और चले जाते हैं। उन विरलों में से बनो जो रुक जाते हैं, ठहर जाते हैं। और जमा लो शून्य में आसन। वही मैं तुम्हें सिखा रहा हूं। रम जाओ गगन मंडल में। और तुम्हारे भीतर से अमृत की धार बहेगी। वह तुम्हारा जन्मसिद्ध अधिकार है। स्वरूपसिद्ध अधिकार है। मांगो अपने अधिकार को। उसे बिना मांगे मत मर जाना। उसे सिद्ध करना है। जो उसे बिना सिद्ध किये मर जाता है, वह व्यर्थ ही जीया।

व्यर्थ मत जीना। तुम्हारे जीवन में आनंद के बड़े फूल खिल सकते हैं। और सब तुम पर निर्भर है। और बड़े उपाय की जरूरत नहीं है; थोड़ी-सी समझ की जरूरत है। पहाड़ जैसा उपाय नहीं करना है, रत्ती-भर जैसी समझ काम आ जाती है। यह कोई तलवार का काम नहीं है; सुई से काम हो जायेगा। सुई जैसी समझ, बारीक समझ पर्याप्त है। बरसता है एक दिन वह।

बज उठी मुरलिया पावस की!
विहंसे वन, उपवन,
दिक-दिगंत,
हुलसे मानव, पशु,
वन-विहंग
लू के झोंके
अब नहीं रहे,
शोले सोये,
रवि-किरणों के!
बज उठी मुरलिया पावस की!
कजरारे बादल
डोल रहे,
घन-घन मृदंग-से
बोल रहे,
नर्तन चम-चम
करती चपला!
क्या मदिर, मधुरतम
समा बंधा!
बज उठी मुरलिया पावस की!
मृदु झड़ी लगी,
संगीत छिड़ा,

रिमझिम-रिमझिम,
लय-ताल-बद्ध!
पुरवाई के
हर झोंके में
उल्लास अपरिमित
तैर रहा!
नभ से
धरती तक
जग-जीवन
नैसर्गिक रस में
डूब रहा!
बज उठी मुरलिया पावस की!

आज इतना ही।

चौथा प्रवचन

नयन मधुकर आज मेरे

(मरौ हे जोगी मरौ — सोलहवां प्रवचन)

जो आपसे मिल रहा है, अहोभाग्य! ऊर्जा का उठना, फिर आगे आप सब कुछ जानते ही हैं। कृपया मार्गदर्शन करें।

मैं प्रार्थना को बैठता हूं तो रोने के सिवाय कुछ सूझता नहीं। मैं क्या करूं?

बुद्धपुरुषों ने इतने धर्म क्यों पैदा किये हैं?

आपका सत्संग मेरे लिए स्वर्ग से कम नहीं है।
आप से दूर होने में बड़ा दर्द होता है।
इस जन्म के बाद दुबारा जन्म लेने की जरा भी इच्छा नहीं होती है।
लेकिन मुझसे सैकड़ों भूलें होती हैं।
कृपया मार्गदर्शन देने की अनुकंपा करें।

मैं ध्यान में प्रकाश का अनुभव करता हूं;
शांति भी अनुभव होती है, आनंद भी।
भगवान, क्या यही समाधि की अवस्था है?

मैं परमात्मा से मांगूं तो क्या मांगूं?

नयन मधुकर आज मेरे 101

पहला प्रश्न : जो आपसे मिल रहा है, अहोभाग्य! ऊर्जा का उठना, फिर आगे आप सब कुछ जानते ही हैं। कृपया मार्गदर्शन करें।

रामपाल, अहोभाव की इस दशा को थिर रखना, इससे बड़ी कोई प्रार्थना नहीं है। अहोभाव से बड़ा कोई सेतु नहीं है परमात्मा से जोड़ने वाला। जो कृतज्ञ है वह धन्यभागी है। और जितने तुम कृतज्ञ होते चलोगे उतनी ही वर्षा सघन होगी अमृत की। इस गणित को ठीक से हृदय में सम्हाल कर रख लेना।

जितना धन्यवाद दे सकोगे उतना पाओगे। शिकायत भूलकर न करना। और ऐसा नहीं है कि शिकायत करने के अवसर न आएंगे। मन की अपेक्षाएं बड़ी हैं, तो हर पल हर कदम पर शिकायतें उठ आती हैं; ऐसा होना था, नहीं हुआ। जब भी ऐसा लगे कि ऐसा होना था नहीं हुआ, तभी स्मरण करना कि भूल होती है; क्योंकि शिकायत अवरोध बन जाती है। शिकायत का अर्थ हुआ कि तुम परमात्मा पर अपनी आकांक्षा आरोपित करना चाहते हो।

और ऐसा मत सोचना कि शिकायत तुमसे न होगी, जीसस जैसे परम पुरुष से भी शिकायत हो गई थी। आखिरी घड़ी में सूली पर लटके हुए एक क्षण को निकल गई थी पुकार, आकाश की तरफ सिर उठाकर जीसस ने कहा था : 'हे प्रभु, यह तू क्या दिखला रहा है?' सोचा नहीं होगा कि सूली लगेगी। सोचा नहीं होगा कि परमात्मा इस तरह से असहाय छोड़ देगा। पर तत्क्षण अपनी गलती पहचान गए, फिर आंखें झुका लीं और क्षमा मांगी और कहा : तेरी मर्जी पूरी हो! तू कर रहा है तो ठीक ही कर रहा होगा।

और इतना ही फासला है अज्ञान और ज्ञान में। इतना ही फासला है अंधेरे में और प्रकाश में। इतना ही फासला है भटके हुए में और पहुंचे हुए में। बस इतने से फासले में

सारी घटना घट गई; जरा-सी कमी रह गई थी, वह भी पूरी हो गई। जो तेरी मर्जी हो!

अहोभाव को बनाए रखना। उसकी तरफ से थोड़ा-सा भी प्रकाश मिले, नाचना, मस्त होना। ऊर्जा उठे, धन्यवाद में बह जाना। और उठेगी ऊर्जा। और फूल खिलेंगे। जितना तुम्हारा धन्यवाद का भाव बढ़ेगा, उतने ही फूलों पर फूल खिलेंगे।

शुभ हो रहा है। बस अहोभाव न चूके। मेरी दृष्टि में है, मेरे खयाल में है, जो तुम्हारे भीतर हो रहा है। अकड़ न आ जाए। बस वहीं चूक होती है। बड़ी-से-बड़ी चूक होती है। ऊर्जा उठने लगे, भीतर ज्योति जलने लगे, भीतर नाद सुनाई पड़ने लगे, अहंकार पीछे के रास्ते से आकर पकड़ लेता है। अहंकार कहेगा : देखो, रामपाल तुम खास हुए। अब तुम कोई साधारण पुरुष नहीं हो, तुम सिद्ध हो!

अहंकार की चालबाजियों से बचना। अहंकार अंत-अंत तक पीछा करता है। धन से ही नहीं अकड़ता, पद से ही नहीं अकड़ता, प्रार्थना से भी अकड़ जाता है, ध्यान से भी अकड़ जाता है। और जहां अहंकार आया वहीं द्वार बंद हो गए; वहीं तुम विच्छिन्न हो गए, टूट गईं तुम्हारी जड़ें परमात्मा से।

कौन-सी उपलब्धियों से,
इन मुखर विश्रब्धियों से
तार रस माते उलझते,
बीन भी उन्मादिनी-सी।

सुख व्यथा आलोक तम,
चेतन अचेतन को भुलाती,
बज रही वर्जित स्वरों की
रागिनी अनुरागिनी-सी।

फूल तारों के झरे क्यों,
फूल करुणा के भरे क्यों,
क्यों हुई कांतार में
काली अमा चंद्राननी-सी।

अमावस पूर्णिमा में बदलेगी, कांटे फूल हो जाएंगे। भीतर अदभुत अपूर्व चमत्कार होंगे। पर ध्यान रखना, जरा भी अकड़ न आए। जितने भीतर चमत्कार होने लगें उतने तुम तरल हो जाना, उतने विनम्र हो जाना, उतने झुक जाना। और जितने झुकोगे उतना पाओगे। झुकते-झुकते मिट जाना है।

मरौ हे जोगी मरौ, मरौ मरण है मीठा।
तिस मरणी मरौ, जिस मरणी मरि गोरख दीठा।।

और ऐसा नहीं है कि जो हो रहा है वह विशिष्ट नहीं है। विशिष्ट है, इसीलिए चेता रहा हूं। विरल है, इसीलिए चेता रहा हूं।

ऐसा दिखता है कौन धुनी?
अव्यक्त आवरण में लिपटी
उस नृत्यमयी निर्वसन नटी
के चरणों से उठती, उर में,
जिसने मधुध्वनि निष्कंपित सुनी।

किसने छू पायी वह रेखा
जिसने वह बिंदुमुखी देखा,
ज्योतित निनाद प्राचीर तले,
प्राणों से मन की ईंट चुनी।
ऐसा दिखता है कौन धुनी?

विरल है घटना। धुनी हो, लगे रहे हो, खोदते ही चले गए हो। अब जलधार आने के करीब आ रही है। पहली झलकें उतरनी शुरू हुई हैं। और अब खतरा है। जिनके पास कोई आत्मिक अनुभव नहीं, उनके पास गंवाने को भी कुछ नहीं। वे निश्चिंत रहें। वे बेसुध सोएं, वे घोड़े बेचकर सोएं, कुछ हर्जा नहीं। लेकिन जब तुम्हारे पास कुछ आने लगे संपदा, तब सावधान होना, तब सजग, सावचेत होना, क्योंकि अब कुछ है जो खो सकता है।

जो ऊंचाइयों पर चले, उसे बहुत ही जागरूक हो जाना चाहिए, क्योंकि वहां से गिरेगा तो हड्डी-पसलियां टूट जाएंगी, चकनाचूर हो जाएगा। जो सपाट भूमि पर चल रहा है, उसे डरने की जरूरत नहीं। वह नशा करके भी चले तो चलेगा। लेकिन अब तुम्हें जरा भी अस्मिता का नशा न आए।

तुमने देखा न, हमारे पास एक शब्द है: 'योग-भ्रष्ट'। लेकिन तुमने 'भोग-भ्रष्ट' शब्द सुना? भोगी को भ्रष्ट होने का उपाय नहीं है, इसलिए भोग-भ्रष्ट जैसा शब्द नहीं है। भोगी सपाट जमीन पर चलता है; वहां से गिर ही नहीं सकता। योग-भ्रष्ट कोई हो सकता है, भोग-भ्रष्ट क्या होगा? योग ऊंचाइयों पर ले जाता है; वहां से पतन संभव है। आकाश में उड़ोगे तो गिर सकते हो, इसलिए जितनी ऊंचाई बढ़े उतनी सजगता।

धन्यभागी हो। इस धन्यवाद को प्रगट करना, अनेक-अनेक रूपों में; पर भूलकर भी, अनजान में भी, अचेतन में भी, अस्मिता को मत उठने देना।

नयन मधुकर आज मेरे!
एक अनजानी किरण ने
गुदगुदी उर में मचा दी,

फूट प्राणों से पड़ा गुंजन सबेरे ही सबेरे!
नयन मधुकर आज मेरे!

दूर की मधुगंध पागल
प्यास प्राणों में जगा दी,
विश्व-मधुवन में लगाता फिर रहा मैं लाख फेरे!
नयन मधुकर आज मेरे!

ये पलक-पांखें नशे में,
झंप रही हैं, खुल रही हैं,
पुतलियां मदहोश-सी हैं, कंटकों को कौन हेरे!
नयन मधुकर आज मेरे!

दूर कुंजों की कली!
मुझसे नयन मेरे न छीनो!
तुम न घेरे हो इन्हें, पर है तुम्हारा रूप घेरे!
नयन मधुकर आज मेरे!

आंखें तुम्हारी भरने लगीं हैं दूर के प्रकाश से, पहली किरण आयी है। और कान तुम्हारे भरने लगे हैं दूर की मधुर-ध्वनि से, पहले स्वर का संबंध हुआ है। सुवास उठने लगी है।

अभी बहुत होने को है। यह कुछ भी नहीं है, जो होने को है उसके मुकाबले। इसलिए जितना हो उतना ही जानना, अभी और होने को है। तत्परता न छोड़ देना, खोदना बंद मत कर देना, खुदाई जारी रहे, ध्यान जारी रहे। ठीक चल रहा है, ठीक दिशा पकड़ ली है, बस अब इसी दिशा में, नाक की सीध में चलते जाना।

दूसरा प्रश्न : मैं प्रार्थना को बैठता हूं तो रोने के सिवाय कुछ और सूझता नहीं। मैं क्या करूं?

यही तो प्रार्थना है। प्रार्थना सूझ रही है। रोना प्रार्थना है। शब्दों की प्रार्थना तो ओछी होती है, आंसुओं की प्रार्थना गहरी होती है। वाणी से जो कही, वह बहुत दूर नहीं जाती; आंखों से जो रोयी, उसे पंख मिल जाते हैं आकाश तक पहुंचने के।

तो रोने को रोकना मत। प्रार्थना चाही है, प्रार्थना मिल रही है। अब इसे पहचानो। प्रार्थना भाव है। और आंसुओं से ज्यादा भावपूर्ण क्या है तुम्हारे पास? मुंह से बोलोगे,

मस्तिष्क बोलेगा; आंखों से रोओगे, हृदय बोलेगा। और प्रार्थना हृदय से उठती है, मस्तिष्क से नहीं। सीखी-सिखायी प्रार्थनाओं का कोई मूल्य नहीं है, दो कौड़ी की जानना उन्हें।

प्रार्थना तो अपनी ही होनी चाहिए, निज की होनी चाहिए। और आंसू अत्यंत निजी होते हैं। जैसे हर अंगूठे की छाप अलग होती है, ऐसे ही हर आंख का आंसू अलग होता है।

शब्द तो बासे होते हैं। तुम भी उन्हीं शब्दों को बोलते हो, दूसरे भी उन्हीं शब्दों को बोलते हैं। शब्द तो सामूहिक होते हैं, सार्वजनिक होते हैं।

आंसू बस तुम्हारे हैं, और किसी के भी नहीं। तुम्हारी अंतर-व्यथा से आ रहे हैं, तुम्हारे विरह से उठ रहे हैं। आंसू तो तुम्हारे ही भीतर लगे फूल हैं; उधार नहीं, बासे नहीं, बाजार से खरीदे नहीं। अगर तुमने हिंदुओं की प्रार्थना की, बाजार से खरीदी प्रार्थना है; मुसलमानों की की, बाजार से खरीदी प्रार्थना है। यह प्रार्थना बहुत दूर न जाएगी, इस प्रार्थना का कोई मूल्य ही नहीं है। यह तो तुम तोते की तरह दोहरा रहे हो। प्रार्थना अपनी होनी चाहिए।

आते हैं आंसू, आने दो। बहो उनमें। डाल दो अपने पूरे हृदय को उनमें। फिर और कुछ आएगा। आंसुओं के पीछे छिपे गीत भी आएंगे। मगर वे फिर तुम्हारे होंगे। आंसू रास्ता साफ कर देंगे। आंसू पवित्र कर जाएंगे, आंसू स्नान करा जाएंगे। फिर उसी स्नान से तुम्हारे गीत भी आएंगे, नाच भी आएगा, उमंग भी उठेगी, उत्साह उठेगा। बहुत कुछ होगा, लेकिन फिर तुम्हारा अपना होगा।

आंखों से शुरू हो रहा है, शुभ लक्षण है। लेकिन हमें तो ऐसा खयाल होता है कि प्रार्थना का एक विधि-विधान होता है; अब ये आंसू बीच में आ गए, विधि-विधान कौन करे? इतना पानी डालना था, इतने फूल चढ़ाने थे, इतना अक्षत रखना था, कि इतने मंत्र-जाप करने थे, इतनी माला फेरनी थी; अब ये आंसू आ गए, अब यह सब कौन करे? वह सब व्यर्थ है। जिंदगी-भर तुम चढ़ाते रहो फूल, उतारते रहो आरती, कुछ भी न होगा। ठीक हृदय से झरना फूट रहा है प्रेम का।

और इन आंसुओं को तुम दुख के ही मत मान लेना। आंसू जरूरी रूप से दुख के ही नहीं होते। आंसू से दुख का कुछ लेना-देना नहीं है। आंसू सुख के भी होते हैं, प्रेम के भी होते हैं। आंसुओं के तो बहुत ढंग हैं, बहुत रंग हैं।

आंसुओं में एक बात जरूर होती है, फिर चाहे दुख के हों, सुख के हों, प्रेम के हों, एक बात निश्चित होती है—और वह है कि कोई भाव इतना ज्यादा होता है कि हृदय उसे सम्हाल नहीं पाता। वही अनसम्हाला भाव आंसुओं से बहता है। फिर दुख हो तो भी। इतना दुख हो कि हृदय न सम्हाल पाए तो आंखें गीली हो जाएंगी। और इतना सुख हो कि हृदय न सम्हाल पाए तो भी आंखें गीली हो जाएंगी।

और भक्त के आंसू तो बड़े विरोधाभासी होते हैं; उसमें दुख का भी स्वर होता है और सुख का भी। उसमें दुख का स्वर होता है, क्योंकि प्रभु का अभी मिलन नहीं हुआ। उसमें विरह की वेदना होती है। और उसमें सुख का भी स्वर होता है, कि प्रभु की पुकार उठने लगी। इतना ही क्या कम है? अनंत-अनंत हैं जिनमें पुकार ही नहीं उठती। बहुत हैं

जिनके जीवन में परमात्मा की छाया भी नहीं पड़ती, परमात्मा का मिलना तो बहुत दूर। बहुत हैं अभागे, जिनके जीवन में परमात्मा शब्द में कोई अर्थ ही नहीं होता; परमात्मा शब्द जिनके बीच कभी आता ही नहीं। धन आता है, पद आता है। प्रतिष्ठा आती है, बहुत कुछ आता है; मगर परमात्मा जिनके जीवन की शृंखला में नहीं होता, परमात्मा की कोई कड़ी नहीं होती।

तो भक्त आनंदित भी होता है। विरह उठा तो मिलन की संभावना पकी। विरह पकेगा तो एक दिन मिलन बनेगा। विरह कच्चा फल है। मिलन इसी फल का पक जाना है।

तो भक्त दुखी भी होता है; उसकी आंख में पीड़ा भी होती है। पीड़ा—कि कब मिलोगे? पीड़ा—कि कब तक प्रतीक्षा करनी होगी? पीड़ा—कि कब तक और राह दिखाओगे? और आनंद भी—कि तुम्हारी पुकार आने लगी। तुमने जरूर मुझे चुन लिया होगा। तुमने जरूर मेरी याद की होगी, क्योंकि तुम याद न करते तो मुझ अभागे की क्या सामर्थ्य थी कि मैं तुम्हें याद करता। तुमने चुन ही लिया होगा, इसलिए मैं चुन रहा हूं। तुमने मुझे अंगीकार कर लिया है। अब देर-अबेर जब भी आना हो आ जाना, मैं प्रतीक्षारत रहूंगा, मेरी आंखों के पट खुले रहेंगे।

कुछ विकल जगारों की लाली,
कुछ अंजन की रेखा काली,
ऊषा के अरुण झरोखों में
जैसे हो काली रात बसी!
दो नयनों में बरसात बसी!

बिखरी-बिखरी रूखी अलकें,
भीगी-भीगी भारी पलकें,
प्राणों में कोई पीर बसी,
मन में है कोई बात बसी!
दो नयनों में बरसात बसी!

लज्जा की लतिके, डोलो तो,
हे मधुभाषिणि! कुछ बोलो तो!
सुधि के इस भीगे आंचल में
किसकी निष्ठुर सौगात बसी!
दो नयनों में बरसात बसी!

झरने दो आंखें, होने दो वर्षा। बनने दो आंखों को बरसात। ऐसे रोओ कि कुछ बचे न भीतर। अपने को पूरा उंडेल दो रोने में। कृपणता न करना। कंजूसी न करना।

शरमाए-शरमाए लजाए-लजाए मत रोना। मदमस्त होकर रोना। दिल भर कर रोना। और तभी तुम्हारे रुदन में वंदन की भनक सुनाई पड़ेगी। तभी तुम्हारे आंसुओं में अर्चना का स्वाद आ जाएगा।

अलकों की छांह बिना शायद पूनम भी काली हो जाये,
यदि साथ रहो मेरे तुम तो हर रात दीवाली हो जाये।

यह माटी से निर्मित काया अविराम स्नेह की भूखी है,
दीपक कैसे जल पाये, यदि वर्तिका प्राण की रूखी है।
रजनी की काली अलकों में उलझा हर तारा कहता है
है स्नेह नहीं वह कोष कि जो लुटने से खाली हो जाये।
यदि साथ रहो मेरे तुम तो हर रात दीवाली हो जाये।

जीवन के सूने मंदिर में आशा के पावन शंख बजें,
तुम आओ तो अंधियारे में किरणों के स्वर्णिम फूल खिलें।
चंदन-सी महक उठें सांसें आंसू अक्षत बनकर बिखरें,
सपनों की राख तुम्हें छूकर कुमकुम की लाली हो जाये।
यदि साथ रहो मेरे तुम तो हर रात दीवाली हो जाये।

मगर रोओ। यही आंसू एक दिन दीप-मालिकाएं बन जाएंगे। यही आंसू दीये बनेंगे। यही आंसू दीवाली लाएंगे।

दीपक कैसे जल पाये, यदि वर्तिका प्राण की रूखी है।

यही आंसू तो तुम्हारी प्राण की वर्तिका को गीला करेंगे, भिगाएंगे।

है स्नेह नहीं वह कोष कि जो लुटने से खाली हो जाये।

और कंजूसी मत करना, क्योंकि यह ऐसा खजाना नहीं है, जो कि बहने से खाली होता है। यह ऐसा खजाना है जो बहने से बढ़ता है। जितना रोओगे उतना हृदय विस्तीर्ण होगा। जितना रोओगे उतने भाव गहन होंगे। जितना लुटाओगे उतना अपने को भरा पाओगे। एक तो बाहर के जगत का अर्थशास्त्र है; वहां अगर लुटाओगे तो खजाना खाली हो जाता है। वहां तो दूसरों को लूटोगे तो खजाना भरा रहेगा।

एक भीतर का अर्थ-शास्त्र है—प्रेम का अर्थ-शास्त्र; उसकी तर्क-सरणी बिलकुल उल्टी है। वहां बचाओगे, सड़ जाएगा। वहां लुटाओगे, बढ़ जाएगा। जिसने प्रेम को भीतर रोक कर रखा कि कहीं ऐसा न हो कि दे दूं किसी को तो लुट जाए, खाली हो जाऊं, फिर क्या करूंगा, दीन-दरिद्र हो जाऊं—उसका प्रेम मर ही जाएगा।

प्रेम तो फूल जैसा है; इसे कोई तिजोड़ी में छिपाकर थोड़े ही रखना होता है। इसे तो निवेदन कर देना होता है—सूरज को, चांद-तारों को, हवाओं को। इसकी गंध तो बिखेर

देनी होती है। और-और फूल आते रहेंगे। जिस अज्ञात से यह फूल आया है, उसी अज्ञात से और-और फूल आते रहेंगे। जिन अचेतन गर्भों से ये रंग आए हैं, उन्हीं अचेतन गर्भों से और-और रंग आते रहेंगे। जहां से इस सुगंध का आगमन हुआ है, उसी स्रोत से और भी सुगंधें आती रहेंगी। और जितना तुम दोगे उतना ही तुम पाओगे। जितना बांटोगे, लुटाओगे, उतना ही तुम्हारा बढ़ता जाएगा। जीवन की आंतरिक संपदा लुटाने से बढ़ती है, बचाने से घटती है।

है स्नेह नहीं वह कोष कि जो लुटने से खाली हो जाये।

आंसू आ रहे हैं, आने देना; लाने की झूठी चेष्टा मत करना। लाए गए आंसुओं का कोई मूल्य नहीं है। वह भी तुम्हें याद दिला दूं, अन्यथा मैंने आंसुओं की प्रशंसा की, तुम सोचो कि फिर आंसू लाना चाहिए। लाए जा सकते हैं आंसू। नाटक में अभिनेता भी ले आता है। पर उन आंसुओं का कोई अर्थ नहीं। वे हृदय से नहीं आते। उनका तुमसे कोई आत्मिक संबंध नहीं है। वे कृत्रिम हैं। जैसे तुम मुस्कुरा सकते हो झूठ, बस मुस्कुराहट ओंठ पर ही होती है—ऊपर से चिपकायी, पोती गई। ऐसे ही आंसू का भी अभ्यास हो सकता है। मगर उस आंसू का कोई मूल्य नहीं है, इसलिए तुम्हें याद दिला दूं। नहीं तो इसी तरह भ्रांतियां होती हैं, इसी तरह क्रिया-कांड पैदा होते हैं कि आंसू आने चाहिए प्रार्थना में। यह मैं नहीं कह रहा हूं कि आंसू आने चाहिए। मैं यह कह रहा हूं, आते हों तो आने देना, बहने देना, रोकना मत। अड़चन मत डालना। लाने का प्रयास भी मत करना, क्योंकि लाए गए झूठे होंगे। रोकना बुरा है, लाना बुरा है। आएं तो स्वागत करना। आनंद-मग्न हो स्वागत करना।

और अगर तुम जीवन के रस को जरा देखोगे, जीवन के सौंदर्य को, जीवन की गरिमा को, तो आंसू आएंगे, अपने से आएंगे। अभागा है वह आदमी कि गुलाब का फूल खिले और उसकी आंखें गीली न हो जाएं। पत्थरों में फूल खिलते हैं, इतने बड़े चमत्कार होते हैं, मिट्टी फूल बन जाती है, तुम्हारी आंख के सामने जादू हो रहा है। जहां केवल दुर्गंध ही दुर्गंध थी, जहां तुमने खाद लाकर डाली थी, वहां फूल की सुगंध है।

तुम्हारे सामने रूपांतरण हो गया है, खाद की दुर्गंध गुलाब की सुगंध बन गई है। क्रांति घटी। इस अपूर्व घटना को देखकर तुम्हारी आंख आनंद से गीली नहीं हो आती? बीज बोया था कल, आज अंकुरित हो गया है, दो हरे पत्ते फूट आए हैं।

चमत्कार प्रतिपल हो रहे हैं। आंख खोलकर देखो, थोड़ी संवेदनशीलता जगाओ। कभी वृक्ष को गले लगाओ। कभी पड़े रहो भूमि पर, जैसे कोई मां की गोद में पड़ा हो—सब भूलकर, सब बिसार कर। और उसी पृथ्वी से तुम्हारे भीतर एक अपूर्व पुलक का, एक अपूर्व ऊर्जा का फैलाव शुरू हो जाएगा। हैं तो हम पृथ्वी के हिस्से। आदमी में आधा आकाश है, आधी पृथ्वी है। कभी लेट जाओ जमीन पर हाथों को फैलाकर—नग्न, आलिंगनबद्ध—और तुम्हारे भीतर जो पृथ्वी है, वह बाहर की पृथ्वी से संवाद करने लगेगी। कभी आकाश की तरफ आंख खोलकर बैठे रहो, देखते रहो, देखते रहो आकाश को। जाओ दूर-दूर, उड़ने दो आंखों को, बन जाने दो आंखें को पक्षी। किसी मंदिर में

तुम्हें जाने की जरूरत न रहेगी। यहीं चारों तरफ वह विराजमान है। और अचानक एक दिन तुम पाओगे आंसू बहने लगे हैं। अकारण बहने लगे हैं। अहेतुक बहने लगे हैं। बहाने की कोशिश मत करना। हां, जहां बह सकते हों, उस तरंग में अपने को ले जाना। जहां दीवाने बैठते हों चार, होते हों मस्त, गाते हों गीत, प्रभु की स्तुति करते हों, नाचते हों, आंसू उनके बहते हों, उनके पास बैठना। उनका रंग तुम्हें भी लग जाएगा।

मगर चेष्टा करके जबर्दस्ती आंसू मत लाना। वह अनाचार है। वह व्यभिचार है। वह स्वयं के साथ बलात्कार है। और जिसके आंसू भी झूठ हो गए उसका सब झूठ हो गया। इसलिए कम-से-कम आंसू को तो झूठ मत करना। तुम्हारी मुस्कुराहट तो झूठ हो ही गई है। तुम्हारा रोना ही बचा है, उसे झूठ मत करना; नहीं तो तुम्हारे पास सच कुछ भी न रह जाएगा। इतना सच तुम्हारे पास अभी है कि तुम्हारे आंसू सच हैं। इसी सच से तुम परमात्मा के सत्य से जुड़ सकते हो, क्योंकि सत्य से ही सत्य के साथ सेतु बन सकता है।

तीसरा प्रश्न : बुद्धपुरुषों ने इतने धर्म क्यों पैदा किए हैं?

रत्नेश, बुद्धों ने तो एक ही बात कही है, इतनी बातें नहीं। एक ही धर्म कहा है, इतने धर्म नहीं। मगर बुद्धुओं ने बना लिये बहुत धर्म। और बुद्धुओं की भीड़ है।

ये जो इतने धर्म हैं, ये बुद्धों के कारण नहीं हैं। ईसाइयत के पीछे जीसस का हाथ नहीं है, और न ही बौद्ध धर्म के पीछे बुद्ध का हाथ है। यद्यपि बुद्ध में जो दीया जला था, उसके ही कारण सिलसिला शुरू हुआ, फिर भी बुद्ध उसके लिए जिम्मेवार नहीं, जिम्मेवार तो बुद्ध के पीछे आनेवाले पंडितों का समूह है। बुद्ध बोले; जो कहा वह सुना लोगों ने, पकड़ा लोगों ने। शास्त्र बने, व्याख्याएं हुईं, संप्रदाय बने। बुद्ध के मरने के बाद छत्तीस संप्रदाय बने बुद्ध के पीछे, क्योंकि अलग-अलग आचार्य थे! सुना सबने बुद्ध को ही था। एक ही व्यक्ति के चरणों में बैठे थे। मगर फिर भी सुना तो अपने-अपने ढंग से था। किसी ने कुछ सुना था, किसी ने कुछ सुना था। किसी ने कुछ अर्थ निकाला था, किसी ने कुछ अर्थ निकाला था। शून्य भाव से तो बहुत कम लोग सुनते हैं। भीतर तो विचार तैयार ही रहते हैं।

जैसे उदाहरण के लिए: किसी ने बुद्ध से पूछा, ईश्वर है? बुद्ध चुप रह गए, कुछ भी न बोले। देखा लोगों ने कि बुद्ध से पूछा गया ईश्वर के संबंध में, बुद्ध चुप रह गए। घटना तो एक ही घटी: बुद्ध चुप रह गए, कोई उत्तर न दिया। लेकिन बुद्ध के मरने के बाद किसी ने कहा कि बुद्ध इसलिए चुप रह गए कि परमात्मा है तो, लेकिन शब्दों में कहा नहीं जा सकता। अब यह व्याख्या हुई। किसी ने कहा कि बुद्ध इसलिए चुप रह गए कि परमात्मा है ही नहीं, तो कहना क्या? किसी ने यह कहा कि बुद्ध इसलिए चुप रह गए कि अगर परमात्मा को जानना हो तो चुप हो जाओ, तो जान लोगे, और जानने का कोई उपाय नहीं है। अब यह तो बड़ी मुश्किल की बात हो गई।

बुद्ध का क्या अर्थ था चुप रह जाने में? इसके तो अर्थ पर अर्थ निकलने लगे, बात में से बात निकलने लगी, विवाद शुरू हो गए। और अर्थ बड़े भिन्न हैं। किसी ने कहा कि ईश्वर है ही नहीं, इसलिए बुद्ध चुप हुए। और किसी ने कहा ईश्वर है, इसीलिए चुप हुए, क्योंकि वह इतना विराट...कहा कैसे जाए?

अब ये तो आस्तिक-नास्तिक, इतने विपरीत अर्थ बुद्ध की चुप्पी से निकल आए! इनसे धर्म बनते हैं। इन अर्थ करनेवालों से धर्म बनते हैं। बुद्धों ने तो एक ही बात कही। उनका स्वर तो एक जैसा है, यद्यपि भाषा उनकी अलग-अलग है। जीसस बोले तो अरेमैक भाषा में बोले; वही उनकी भाषा थी, वही सुननेवालों की भाषा थी। बुद्ध बोले तो पाली में बोले; वही उनकी भाषा थी, वही सुननेवालों की भाषा थी। कृष्ण संस्कृत में बोले। लाओत्सु चीनी में बोले। स्वाभाविक। तो भाषा का भेद है।

फिर प्रतीकों के भेद भी होंगे, क्योंकि कोई पांच हजार साल पहले हुआ। पांच हजार साल में भाषा के प्रतीक बदले, बदलते गए हैं। आज हम किन्हीं शब्दों का उपयोग करते हैं जो पांच हजार साल पहले किया ही नहीं जा सकता था। कोई बात ही न थी करने की। जैसे आज हम कहते हैं, अगर कोई चीज बहुत तेजी से जा रही हो तो हम कहते हैं जेट-गति। अब बुद्ध तो जेट-गति शब्द का उपयोग नहीं कर सकते थे। जेट ही नहीं था तो जेट-गति क्या होती? उसका कोई अर्थ नहीं हो सकता था।

प्रत्येक युग की भाषा बदल जाती है, प्रतीक बदल जाते हैं। फिर व्यक्ति-व्यक्ति के भी प्रतीक अलग होते हैं। बुद्ध राजपुत्र थे, अभिजात उनकी शिक्षा थी, तो उन्होंने जो शब्दों का उपयोग किया वह भी अभिजात है। और कबीर जुलाहे थे; उन्होंने जो भाषा उपयोग की वह जुलाहे की है। अब तुम सोच सकते हो बुद्ध यह लिखें, झीनी-झीनी बीनी रे चदरिया? बाप-दादे ने कभी बीनी थी? यह सोच ही कैसे सकते हैं बुद्ध कि झीनी-झीनी बीनी रे चदरिया? यह तो कबीर ही सोच सकता है, यह तो जुलाहा कबीर ही सोच सकता है। यह तो कबीर के भीतर ही भाव उठ सकता है कि ये जो भजन मैं बना रहा हूं, यह ऐसे ही है जैसे कोई झीने झीने चदरिया बीनता है। अब बुद्ध यह कह सकते थे, ज्यों की त्यों धरि दीन्हीं चदरिया? यह चदरिया कबीर के लिए सार्थक है, सुबह से सांझ चदरिया ही बुनते रहे, तो जब मरे तो कहा कि ज्यों की त्यों धरि दीन्हीं चदरिया। खूब जतन से ओढ़ी रे चदरिया! फिर जरा भी दाग नहीं लगने दिया उस पर—ऐसी की ऐसी ही रख दी। अब यह जुलाहे का प्रतीक है; यह प्रतीक बुद्ध में नहीं हो सकता, महावीर में नहीं हो सकता, कृष्ण में नहीं हो सकता।

जीसस ऐसे बोले जैसा कि एक बढ़ई का बेटा बोलेगा। स्वाभाविक। इसलिए भाषा में भेद पड़ते हैं, प्रतीक अलग होते हैं। फिर व्यक्ति-व्यक्ति के भी भेद हैं। कोई मूर्तिकार सत्य को जानेगा तो सत्य की मूर्ति बनाएगा संगमरमर में, क्योंकि वही उसके लिए निकटतम होगी संभावना प्रगट करने की। और कोई कवि सत्य को जानेगा तो गीत रचेगा और कोई चित्रकार सत्य को जानेगा तो चित्र बनाएगा। अब चित्र बनाना, मूर्ति बनाना, गीत रचना, बड़ी अलग प्रक्रियाएं हैं। और स्वभावतः इनके माध्यम अलग-अलग हैं।

गीत जो रचेगा उसे रंगों की कोई जरूरत न पड़ेगी, तूलिका की कोई जरूरत न पड़ेगी, छैनी-हथौड़े की कोई आवश्यकता न होगी। जो मूर्ति बनाएगा, छैनी-हथौड़ा होगा उसके पास, पत्थर होगा उसके पास, वह पत्थर में खोदेगा। और जो चित्र बनाएगा वह रंग भरेगा। अब ऐसा भी हो सकता है कि तीनों एक ही बात प्रगट करना चाहें, मगर तीनों के माध्यम इतने भिन्न हैं कि देखनेवाले ही पहचान पाएंगे, समझने वाले ही समझ पाएंगे।

सुबह हुई, सूरज निकला, आह्लाद से भर गए तुम्हारे हृदय। किसी ने अपनी वीणा उठा ली और तार छेड़ दिए। वह कहना चाहता है कि सुबह बड़ी सुंदर है। वह वीणा के तार छेड़ रहा है। वह वीणा के तारों में सुबह के सूरज को भरने की कोशिश कर रहा है। वह तार मीड़ रहा है और उनसे उठा रहा है उस माधुर्य को, जो सुबह के सूरज में है, अब बड़ी पारदर्शी आंख हो तो ही पकड़ पाएगी कि सुबह के सितार बजाने में, या सुबह के गीत में, या सुबह की लय में, छंद में, सूरज का आगमन हो रहा है। नहीं तो तुम कैसे पहचान पाओगे? ध्वनि सुनाई पड़ेगी, मगर शायद ही तुम्हें खयाल आए कि संगीतज्ञ को सुबह ने आंदोलित कर दिया है। यह सुबह के सूरज को अभिव्यक्ति दे रहा है।

चित्रकार चित्र बनाएगा सूरज का और गीतकार गीत रचेगा। फिर सभी गीतकार नहीं हैं, चित्रकार नहीं हैं, मूर्तिकार नहीं हैं; फिर हर आदमी का अपना ढंग होगा।

अनंत-अनंत मार्गों से बुद्ध आए—अनंत-अनंत मार्गों से, अनंत-अनंत अभिव्यक्तियों को लेकर, अनंत-अनंत संभावनाओं को लेकर; लेकिन जब उन्होंने सत्य को जाना तो जो जाना वह तो एक था, लेकिन जब कहा उसे तो अनेक हो गया। कहते ही अनेक हो जाता है। फिर सुना जब तुमने तो और भी अनेक में से अनेक हो गया, क्योंकि फिर सुननेवालों ने अपने अर्थ दिए। फिर सदियां बीतती हैं, फिर व्याख्याओं पर व्याख्याएं आरोपित होती चली जाती हैं। इससे हिंदू, ईसाई, जैन, बौद्ध...दुनिया में कोई तीन सौ धर्म हैं। सत्य तो एक है। इसे अगर स्मरण रखोगे तो वैमनस्य चला जाएगा। इसे अगर स्मरण रखोगे तो दूसरे के प्रति सदभाव होगा। इसे अगर स्मरण रखोगे तो गीता के प्रति सम्मान और कुरान के प्रति अपमान नहीं होगा। तुम्हें गीता प्रीतिकर हो तो गीता से खोजना; लेकिन जो कुरान से खोज रहा है, उसकी अवहेलना मत करना, क्योंकि वह भी उसी तरफ चला है। हम सब उसी की तरफ चल रहे हैं। इस तरह की सदभावना पैदा न हो तो समझना कि तुम धार्मिक व्यक्ति ही नहीं हो।

और खयाल रखना, जब मैं सदभावना कहता हूं तो मेरा मतलब वही नहीं होता जो आमतौर से लोगों का मतलब सहिष्णुता से होता है। सहिष्णुता तो कुछ खास सहिष्णुंता नहीं है। सहिष्णुता का तो अर्थ होता है कि सह लेते हैं, कि ठीक है, कि हम हिंदू हैं और जानते हैं कि हम ठीक हैं और तुम ईसाई हो और जानते हैं हम कि तुम इतने ठीक नहीं हो, मगर सह लेते हैं कि ठीक है, तुम्हारी मर्जी, जो रहना हो रहो, बर्दाश्त कर लेते हैं। सहिष्णुता का अर्थ है: बर्दाश्त कर लेते हैं।

मगर, बर्दाश्त करना! तो विरोध तो शुरू हो ही गया। भीतर खटक तो आ ही गई। नहीं तो बर्दाश्त करने की बात ही न उठनी थी। स्वागत होना था। कहना था कि हम स्वागत

करते हैं तुम्हारा, क्योंकि अगर गीता ही होती दुनिया में और कुरान न होता, तो दुनिया गरीब होती। कुरान ने कुछ समृद्धि दी है जगत को, कुछ स्वर दिए हैं जो कुरान के अपने हैं, जो गीता नहीं दे सकती। और गीता ने कुछ दिया है जो गीता का अपना है, जो कुरान नहीं दे पाता।

क्या तुम सोचते हो कि जो वीणा बजाता है वह बांसुरी को सहता है? सहिष्णु होता है बांसुरी के प्रति? नहीं, वह बांसुरी का स्वागत करता है। वह कहता है : वीणा ने कुछ दिया जगत को, लेकिन जो बांसुरी दे सकती है वह तो बांसुरी ही दे सकती है। लाख वीणा सिर पटके तो भी जो बांसुरी दे सकती है, वीणा नहीं दे सकती; और जो वीणा दे सकती है वह बांसुरी नहीं दे सकती। ये अनंत वाद्य हैं। यह संगीतज्ञ इनको सहता थोड़े ही है, इनका स्वागत करता है। वह कहता है : इतने वाद्य हैं, इतना अच्छा; क्योंकि इतने वाद्यों के कारण जगत इतना संगीतपूर्ण है।

बगिया में इतने फूल हैं तो तुम सहन थोड़े ही करते हो कि चलो कोई बात नहीं, सह लेते हैं, गेंदे को भी सह लेते हैं, जूही को भी सह लेते हैं, वैसे फूल तो सिर्फ कमल का ही है! नहीं, अगर कमल ही कमल बगीचे में होंगे, बगीचा दरिद्र होगा, दीन होगा, बेरौनक होगा, उबानेवाला होगा। इन सब छोटे-बड़े फूलों में खूब रंग भरा है। ये सब सुंदर हैं।

तो मैं तुमसे जब कहता हूं सदभाव, तो इतना नहीं कह रहा हूं कि सहिष्णु; मैं कह रहा हूं स्वागत। और जब मैं तुमसे कह रहा हूं स्वागत, तो यह नहीं कह रहा हूं जैसा आमतौर से आजकल सुसंस्कृत लोग मानते हैं। ईसाई कहते हैं कि 'हां, हिंदू धर्म में भी सत्य है, यद्यपि पूरा नहीं; पूरा तो ईसाइयत में है। हिंदू धर्म में भी सत्य है, लेकिन पूरा नहीं, अधूरा-अधूरा, खंड-खंड, टूटा-फूटा! झलक है कुछ सत्य की!' और इस तरह का आदमी सोचता है कि बहुत सुसंस्कृत है।

जैन मानता है कि 'सत्य तो मैं ही हूं, मगर कहीं-कहीं दूसरों में भी सत्य की थोड़ी झलक मिली है। दूसरे सब धर्म आंशिक दृष्टियां हैं, नय, थोड़ा-थोड़ा सत्य उनमें है। वे भी ठीक हैं।' 'भी' पर खयाल रखना। 'वे भी ठीक हैं। मगर ठीक की कसौटी मैं हूं।' यह कोई सदभाव नहीं है। यह तो बहुत चालबाज अहंकार है। इससे तो वह आदमी ही गंवार अच्छा, जो कहता है : 'मैं ठीक, तुम गलत।' कम-से-कम साफ-साफ तो कहता है। कम-से-कम ईमानदार तो है। वह कहता है : 'मैं ठीक, तुम गलत!' निपटारा साफ-साफ है। 'मैं सौ प्रतिशत ठीक, तुम सौ प्रतिशत गलत।' यह आदमी कम-से-कम सीधा-साफ है। जो आदमी कहता है : नहीं, तुम भी ठीक हो, मुझे मालूम है तुममें भी कुछ ठीक है। पूरा ठीक मैं हूं। और चूंकि तुम मुझसे कुछ-कुछ मेल खाते हो, उतने-उतने तुम भी ठीक हो। जितना-जितना तुम मुझसे मेल खाते हो उतने-उतने तुम भी ठीक हो।

महात्मा गांधी ने कुरान में से वे ही वचन चुन लिए हैं जो गीता से मेल खाते हैं, और उनको कहा कि ठीक हैं। और बाकी वचन, जो गीता से मेल नहीं खाते, बल्कि गीता के विपरीत पड़ते हैं, उनकी बात नहीं उठाई। अब जरा सोचो, दूसरा आदमी जो मुसलमान है, समझ लो कि मौलाना आजाद यही काम करें, तो वे गीता में से वही-वही वचन चुन

लेंगे जो कुरान से मेल खाते हैं और बाकी छोड़ देंगे। कुरान ठीक है; फिर जो भी कुरान से मेल खाता है वह भी ठीक है, और जो मेल नहीं खाता वह गलत है। इसको हम बड़ी संस्कारशीलता कहते हैं। मगर भीतर चालबाजी है; गणित है, हिसाब है।

महात्मा गांधी जीवन-भर गुनगुनाते रहे अल्लाह-ईश्वर तेरे नाम, लेकिन जब मरे तो अल्लाह का नाम नहीं निकला, राम का नाम निकला। जब गोली लगी तो कहा : हे राम! राम केंद्र पर है। अल्लाह को भी स्वीकार किया है। सहिष्णुता रखी। राजनैतिक कुशलता है इसमें, पर धर्म-भाव नहीं।

राजनैतिक कुशलताएं बड़ी छिपी गतियों से काम करती हैं। ऊपर से पता भी नहीं चलता, अगर गहरे में छानने चलोगे तो दिखायी पड़ना शुरू होता है। तुम मस्जिद को भी बर्दाश्त करते हो, गिरजे को भी बर्दाश्त करते हो, मगर बर्दाश्त करते हो! अगर बहुत ही सुसंस्कृत हो तो सह लेते हो।

सदभाव बड़ी और बात है। सदभाव यह कहता है : मैं भी ठीक हूं, तुम भी ठीक हो। मैं भी सौ प्रतिशत ठीक हूं, तुम भी सौ प्रतिशत ठीक हो। तुमने और ढंग से सत्य को देखा, मैंने और ढंग से। यह मेरा रुझान, वह तुम्हारा रुझान। यह मेरी पसंद, वह तुम्हारी पसंद। तुमने जूही को प्रेम किया, मैंने बेले को; मगर बेले में भी वही खिला है उसी की गंध है, और जूही में भी वही खिला है उसी की गंध है। ये हमारी पसंद-नापसंद के भेद हैं, जूही और गुलाब, बेला और कमल। ये हमारी पसंद-नापसंद के भेद हैं, मगर खिलावट उसी एक की है, गंध उसी एक मालिक की है। तब, तब तुम्हें यह कहने की जरूरत नहीं रहेगी : 'अल्लाह-ईश्वर तेरे नाम।' तब तुम राम भी दोहराते रहे तो चलेगा। क्योंकि तुम जानते हो गहनतम में कि अल्लाह भी उसी का नाम है। इसे दोहराने की जरूरत नहीं है। और तुम अल्लाह दोहराते रहे तो भी चलेगा, क्योंकि तुम जानते हो उसका ही दूसरा नाम राम है, इसे दोहराने की आवश्यकता नहीं है। यह मेरी पसंद है कि मुझे अल्लाह पसंद पड़ा, यह तुम्हारी पसंद है कि तुम्हें राम पसंद पड़ा; लेकिन हम दुश्मन नहीं हैं, हम सहयात्री हैं; हम एक ही दिशा में गतिमान हैं।

चौथा प्रश्न : आपका सत्संग मेरे लिए स्वर्ग से कम नहीं है। आपसे दूर होने में बड़ा दर्द होता है। इस जन्म के बाद दुबारा जन्म लेने की जरा भी इच्छा नहीं होती है। लेकिन मुझसे सैकड़ों भूलें होती हैं। कृपया मार्गदर्शन देने की अनुकंपा करें!

श्रीचंद! भूलों को भी स्वीकार करो। अपनी अपूर्णता को भी स्वीकार करो। वह भी हमारा अहंकार है कि मुझसे कोई भूल न हो, कि मुझसे कोई भूल होनी ही नहीं चाहिए, कि मुझसे और कैसे भूल हो सकती है! वह भी अहंकार है—सात्विक अहंकार, पुण्यात्मा का अहंकार, संत का अहंकार, लेकिन अहंकार तो अहंकार ही है, संत का हो कि पापी का। ऐसा क्यों? सब उस पर छोड़ दो। भूलें भी हो रही हैं तो वही मालिक है। उसकी मर्जी।

मैं यह नहीं कह रहा हूं कि भूलें करते ही चले जाओ। खयाल करना मेरी बात को। मेरी बातों से गलत अर्थ निकालना बहुत आसान है। मैं यह नहीं कह रहा हूं कि भूलें करते ही चले जाओ! कि जिद्द करके करना कि भूलें तो करनी ही पड़ेंगी, क्योंकि उसकी मर्जी। नहीं, मैं तुमसे भूलें करने को नहीं कह रहा हूं। लेकिन जो हो रही हैं, उन्हें सरल भाव से स्वीकार करो। और तुम चकित हो जाओगे, तुम्हारे सरल भाव से स्वीकार करने में ही बहुत-सी भूलें गिरनी शुरू हो जाएंगी, बंद हो जाएंगी।

तुम जैसे हो अपने को वैसा अंगीकार करो । तुमने आदर्श बना रखा होगा अपने मन में कि कैसा होना चाहिए, कि श्रीचंद को कैसा होना चाहिए—महावीर जैसा कि बुद्ध जैसा। महावीर भी मुश्किल में पड़ते अगर श्रीचंद जैसा होना चाहते। वह तो अच्छा हुआ कि उनको यह खयाल ही पैंदा न हुआ। अगर उनको यह धुन सवार हो जाती कि श्रीचंद जैसे होना, बस फिर मुसीबत में पड़ते, फांसी लग जाती। फिर कभी महावीर न हो पाते। उन्होंने फिक्र ही नहीं की किसी और जैसे होने की; जैसे थे, जो थे, उसको उसकी परिपूर्णता में जीया।

किसी के आदर्श के अनुकूल चलने की तुम चेष्टा कर रहे होओगे, तो भूलें मालूम होती हैं। महावीर नग्न खड़े हैं, तुम अभी भी वस्त्र नहीं छोड़ सकते, पाप हो रहा है। तुम अभी भी संत नहीं हो पाए। संत फ्रांसिस कोढ़ियों को गले लगा रहे हैं, कोढ़ियों का चुंबन ले रहे हैं; तुम्हें कोढ़ी को छूने में घबड़ाहट होती है, कोढ़ी को देखकर तुम दूसरे रास्ते से निकल जाते हो। बस अगर संत फ्रांसिस तुम्हारे आदर्श हैं, अड़चन हो गई। तुमसे पाप हो रहा है। तुम अभी पुण्यात्मा नहीं हो।

महावीर तो कोई कोढ़ियों को चुंबन करते नहीं घूमे। अगर महावीर को खयाल आ जाता संत फ्रांसिस का, पड़ते मुसीबत में। संत फ्रांसिस को करने दो जो संत फ्रांसिस को सहजता से उमग रहा है। संत फ्रांसिस को अपनी निजता में जीने दो, महावीर को उनकी निजता में, और श्रीचंद को आज्ञा दो कि वह भी उनकी निजता में जीयें। उनको बाधा मत डालो।

बड़ी से बड़ी क्रांति दुनिया में घट सकती है, अगर व्यक्ति अपने को स्वीकार कर ले। मगर हमें स्वीकार करने की शिक्षा नहीं दी गई। बचपन से बताया गया है: ऐसे हो जाओ, ऐसे हो जाओ, ऐसे हो जाओ। वे जो होने के लक्ष्य सामने खड़े हैं, बड़े-बड़े आदर्श, और सब उधार, क्योंकि कोई ऐसा आदर्श नहीं है जिस जैसे सभी मनुष्यों को होना है या होना चाहिए। कोई ऐसा आदर्श नहीं है। और वह दुनिया बड़ी बेहूदी दुनिया होगी जहां सभी मनुष्य एक जैसे होंगे। वैविध्य न रह जाएगा, रंग-बिरंगापन न रह जाएगा। इंद्रधनुष खो जाएगा, इकरंगापन हो जाएगा, इकढंगापन हो जाएगा। ऊब पैदा होगी।

बर्ट्रेंड रसेल ने बात बड़े पते की लिखी है। उसने लिखा है कि मैं स्वर्ग जाने में डरता हूं। डर उसे ज्यादा नहीं है, क्योंकि वह मानता नहीं है कि आत्मा है; वह मानता नहीं है कि शरीर के बाद कुछ बचेगा, इसलिए कहता है ज्यादा मुझे डर नहीं है। लेकिन कभी-कभी कौन जाने...पक्का तो नहीं हो सकता कि बचूंगा कि नहीं। तर्क तो यही कहता है नहीं

बचूंगा, लेकिन अगर बचा तो मुझे स्वर्ग जाने में डर लगता है, क्योंकि वहां एक जैसे संत, बैठे अपनी-अपनी सिद्धशिला पर...। बड़ी ऊब होगी वहां। बड़ी उदासी होगी। सभी पहुंचे हुए उदास वहां बैठे हैं; वहां कोई घटना भी नहीं घटेगी कभी। कोई अफवाह भी नहीं उड़ेगी, घटना की तो बात क्या। अनंतकाल तक वहां सन्नाटा ही बना रहेगा।

रसेल कहता है: मेरा मन बड़ा डरता है। इससे तो नरक बेहतर। अगर बचूं ही बाद में तो नरक बेहतर। वहां कुछ राग-रंग तो होगा, कुछ उत्सव-जलसा तो होगा, कुछ कुतूहल को जगानेवाली घटनाएं तो घटेंगी!

और यह बात सच है, अगर नर्क कहीं होगा तो ज्यादा रंगीन होगा। क्योंकि वहां सारे रंगीन लोग होंगे। वहां तरह-तरह की घटनाएं घटेंगी। वहां तरह-तरह की कहानियां होंगी। सारे रंगीन लोग वहां होंगे। बेरंग इकट्ठे हो गए होंगे स्वर्ग में। और अगर सारे बेरंग स्वर्ग में इकट्ठे हो गए तो स्वर्ग नर्क हो गया।

ऐसा कोई आदर्श नहीं है जिसके अनुसार सभी को ढलना है। इसलिए कोई ऐसे आदर्श को अपनी छाती पर लेकर मत चलो, अन्यथा व्यर्थ बोझ में दबे-दबे मर जाओगे।

फिर मैं तुमसे क्या कहना चाहता हूं? मैं कहना चाहता हूं: अपने को स्वीकार करो। अपनी सारी भूलें, छोटी-छोटी भूलें, उनको अंगीकार करो। आदर्श का भाव छोड़ दो। अपने तथ्य को जीयो। और उसी तथ्य में रहो। और तुम चकित हो जाओगे: आदर्श के भाव के जाते ही बहुत-सी भूलें तो विदा हो गईं, क्योंकि अब उनको भूलें कहने का कोई कारण न रहा। भूलों का कारण ही था आदर्श।

जिस आदमी ने तय कर लिया आदर्श, उसने भूलें भी तय कर लीं। जिसने तय कर लिया...जैसे कि ईसाई कहते हैं, जीसस कभी हंसे नहीं। अगर ईसाई सच कहते हैं तो जीसस फिर मुझे नहीं रुचते, फिर मुझे नहीं जंचते। यह आदमी भी क्या हुआ? तो ईसाई गलत ही कहते होंगे। मगर ईसाईयों का लक्ष्य यह बन गया फिर कि संत को हंसना नहीं चाहिए। अब अगर तुमने यह लक्ष्य बना लिया कि संतत्व का लक्षण है हंसना नहीं, तो हंसे तो भूल हो गई। अब हंसी में कोई भूल न थी; मगर हंसना नहीं, यह लक्ष्य बना लिया, तो हंसना भूल हो गई। अब तुम परेशानी में पड़े। अब तुम अपने को सम्हाले बैठे हो हमेशा, कि कहीं हंसी न आ जाए। हंसी भीतर उठ भी रही हो तो दबाए बैठे हो। तुम द्वंद्व से घिर गए और तुम झूठे हो गए।

हंसी में कोई पाप नहीं है। स्वीकार करो। फिर हंसी का परिष्कार किया जा सकता है। हंसी के कई तल हैं। जब तुम दूसरे पर हंसते हो तो उसमें थोड़ी हिंसा होती है। जब तुम अपने पर हंसते हो, तो उसमें बड़ी अहिंसा होती है। फिर कुछ लोग हैं जो ऐसी बातों पर ही हंस सकते हैं जो बहुत भौंडी हों, बेहूदी हों; उनको हंसी के सूक्ष्म तलों का कोई बोध नहीं है। वे तभी हंस सकते हैं जब कोई केले के छिलके पर फिसलकर गिर पड़े, हड्डी-पसली टूट जाए उसकी, तब उनका चित्त प्रसन्न होता है, उन्हें कोई बारीक बात प्रसन्न नहीं कर पाती; उन्हें कोई स्थूल बात चाहिए, कुछ अभद्र।

हंसना नहीं चाहिए, यह लक्ष्य बनाने की जरूरत नहीं है। लेकिन हंसी में, तुम्हारी

हंसी में बहुत परिष्कार हो सकते हैं। हंसी बड़ी कलात्मक हो सकती है। हंसी का अपना काव्य है, अपना संगीत है। हंसी में फूल झर सकते हैं। फिर तुम अपनी हंसी को परिष्कृत करो, सुधारो, जगह-जगह से रंग भरो। हंसी को गहन करो।

तुमने देखा, अलग-अलग लोग हंसते हैं, जरा उनकी हंसी देखो, अलग-अलग। कोई हंसता है तो बिलकुल ऐसा लगता है ऊपर से खोखला, हृदय से आती नहीं मालूम होती; बिलकुल लगता है गले में से पैदा कर रहा है, जबरदस्ती पैदा कर रहा है। हंसना चाहिए, इसलिए हंस रहा है। किसी की हंसी आती है तो बड़ी गहराई से आती है।

तो हंसी के सारे रंग परखो, ढंग परखो। अपने भीतर भी हंसी की सारी संभावनाएं परखो। तुम उतने ही नहीं हो तुम जितने बने हो आज; तुम्हारे भीतर बहुत कुछ पड़ा है, जिसका परिष्कार होना है। मगर आदर्श के द्वारा नहीं, तुम्हारे यथार्थ में परिष्कार होना है। किसी आदर्श के अनुसार नहीं।

तुम्हें वही बनना है। जो तुम बनने को पैदा हुए हो। इसलिए दूसरे को सामने प्रतिमा की तरह खड़ा मत करना, अन्यथा ऐसी भूलें दिखायी पड़ने लगेंगी जिनको तुम हल भी न कर पाओगे; हल करने की कोशिश की तो दुविधा में पड़ोगे, द्वंद्व में पड़ोगे, पाखंडी हो जाओगे। इसी तरह तो तथाकथित धार्मिक लोग पाखंडी हो गए। फिर स्वयं के स्वीकार में ही जागरण की संभावना है। जब कोई भविष्य नहीं है—ऐसा नहीं होना, वैसा नहीं होना—तो वर्तमान सब कुछ है, यही क्षण सब कुछ है। अब इस क्षण में जागकर हम जीएं।

मैं तुमसे नहीं कहता कि धूम्रपान करते हो तो छोड़ दो। यह मैं नहीं कहता, क्योंकि यह तो तुमसे बहुत कहा गया है और तुम नहीं छोड़ सके। यह तो तुम्हारे साधु-संत कह-कहकर मर गए और तुम नहीं छोड़ सके। तो मैं यही दोहराऊं, इससे सार क्या है? जो साधु-संत यही दोहराते हैं, मैं मानता हूं वे बुद्धिहीन हैं। क्योंकि कितने लोग दोहराते रहे, लोगों ने सुना नहीं, तो दोहराने में कहीं भूल है। शायद धूम्रपान के मूल कारण को ही नहीं पकड़ा गया है, बस व्यर्थ की बातें दोहराई जा रही हैं। कोई कहता है तुमसे कि धूम्रपान मत करो, क्षयरोग हो जाएगा। मगर यह तो मान लिया है उसने कि तुम क्षय रोग से डरते हो। कौन डरता है क्षयरोग से! लोग कहते हैं: जब होगा जब देखा जाएगा। फिर दवा है, इलाज है। और अगर तुम किताब में पढ़ने जाओगे तो वे कहते हैं कि एक आदमी अगर बारह सिगरेट रोज पीए तो बीस साल में जितनी सिगरेट पीए, तब कहीं उसे क्षयरोग हो सकता है। कौन फिक्र करता है बीस साल की! और बारह सिगरेट रोज और बीस साल तक...और फिर देखेंगे। और फिर यह भी पक्का नहीं है कि बीस साल में सभी को हो जाता है। क्योंकि सैकड़ों सिगरेट पीनेवाले हैं, जो बारह नहीं चौबीस पीते हैं रोज और जिंदगी-भर से पी रहे हैं और क्षयरोग नहीं हुआ। फिर ऐसे लोग हैं, सिगरेट तो दूर कहो, पानी भी छान-छान कर पीते हैं और क्षयरोग हो गया।

तो आदमी सोचता है: इस झंझट में पड़ा क्या है? मतलब क्या है? यह पानी छान-छान कर पीते रहे सज्जन और क्षयरोग से ग्रस्त हैं। और इधर शराब पीनेवाले पड़े हैं, जिन्हें क्षयरोग नहीं हुआ। सब तरह से सात्विकता से जीते थे और कैंसर हो गया। और

दूसरा है कि जिसने सात्विकता कभी जानी ही नहीं, जिन्होंने कसम खा ली थी कि सात्विकता से कभी न जीएंगे, जो कभी वक्त से न उठे न सोए, न वक्त पर खाना खाया, न ढंग का खाना खाया; कुछ भी खाया, कुछ भी पीया, कहीं भी सोए, कहीं भी बैठे, कभी जागे, कोई हिसाब-किताब न रखा—और अभी तक कैंसर नहीं हुआ! तो आदमी देखता है कि ये बातें सिर्फ डरवाने की हैं। कौन डरता है!

मुल्ला नसरुद्दीन से किसी ने कहा कि तुम अगर सिगरेट पीना बंद न करोगे तो तुम्हारी तीन साल उम्र कम हो जाएगी। मुल्ला ने कहा: तीन साल कम जीना बेहतर, मजे से जीना बेहतर। अगर तीस साल भी उम्र बढ़ती हो और न सिगरेट पीयो और न चाय पीयो और न शराब पीयो तो जी कर भी क्या करेंगे? सिर्फ जीते ही रहेंगे? करने को कुछ बचता नहीं।

एक आदमी मर कर स्वर्ग पहुंचा। बड़ा साधु था! स्वर्ग के द्वार पर उससे पूछा गया। नब्बे साल का होकर मरा था। पूछा स्वर्ग के द्वार पर कि तुमने क्या-क्या पाप किए, क्योंकि पहले यही पूछा जाता है—क्या-क्या पाप किए? पुण्य तो कोई कभी-कभार करता है; असली चीज तो पाप है। उस आदमी ने कहा: पाप? पाप मैंने कभी किए ही नहीं।

तो द्वारपाल ने विस्तार से पूछा: शराब पी? उसने कहा कि नहीं।

'दूसरा कोई और नशा किया?'

'नहीं।'

'सिगरेट पी?'

'नहीं।'

'पान खाते थे?'

'नहीं।'

'तंबाकू खाते थे?'

'नहीं।'

'सुंघनी सूंघते थे?'

'नहीं।'

'स्त्रियों के पीछे दीवाने थे?'

उसने कहा: इस झंझट में मैं पड़ा ही नहीं। मैं तो सात्विकता से जीया। तो देवदूत ने भी सिर पर हाथ मार लिया। उसने कहा: फिर नब्बे साल तक तुम करते क्या रहे? इतनी देर क्यों लगाई? नब्बे साल! सुंघनी भी न सूंघी, समय कैसे बिताया, यह तो बताओ?

तुम ऐसे डरवा कर किसी को छुड़वा न सकोगे और तुम्हारे धर्म सिर्फ डरवाते रहे। वे कहते हैं: नर्क में पड़ना पड़ेगा। बात भी कुछ बेहूदी लगती है कि कोई आदमी धुआं भीतर ले जाता है बाहर ले जाता है, इसके कारण नर्क में पड़ना पड़ेगा।

यह बात कुछ जंचती नहीं। इसमें कोई न्याय नहीं मालूम पड़ता। यह तो कोई अदालत भी नहीं कह सकती कि एक आदमी बैठकर धुआं बाहर-भीतर ले जाता था, कुछ किसी को नुकसान भी नहीं कर रहा था, किसी को मार भी नहीं रहा था, किसी का खून भी नहीं पी रहा था, सिर्फ धुआं बाहर-भीतर करता था, इसको नर्क में डाला गया है। यह बात

जंचती नहीं। यह तो नर्क में जो डालता होगा वह भी फिर अन्याय कर रहा है। यह बात तो उखड़ गई। तो अब धर्मगुरु यह नहीं कहते कि नर्क में पड़ना पड़ेगा, वे कहते हैं क्षयरोग हो जाएगा। मगर तर्क वही है: भय। पहले नर्क का भय बताते थे, अब वह किसी को जंचता नहीं, तो अब वे दूसरे भय बताते हैं कि क्षयरोग हो जाएगा।

एक गांव में एक शराबी लड़खड़ाता-लड़खड़ाता पादरी के पास पहुंचा और उसने कहा: एक बात मुझे पूछनी है, आदमी को गठिया कैसे हो जाता है?

पादरी को मौका मिला। इस तरह के लोग तो इसी मौके की तलाश में रहते हैं। पादरी को मौका मिला। उसने कहा: मैंने तुम से हजार बार कहा कि शराब पीना बंद करो, नहीं तो गठिया हो जाएगा। यह अच्छा अवसर था, इस अवसर पर शिक्षा दे देनी चाहिए। ऐसे ही तो साधु-संत शिक्षा दे देते हैं। कितनी बार मैंने कहा कि गठिया हो जाएगा, अगर शराब पीनी बंद न की।

उसने कहा: मैं अपने बाबत नहीं कुछ पूछ रहा हूं, मैंने अखबार में पढ़ा है कि वैटिकन में पोप को गठिया हो गया है। तो मैं तो इसलिए पूछ रहा हूं कि गठिया कैसे हो गया! मुझको हो जाए, ठीक; मैं तो शराब पीता हूं, जाहिर बात है। मगर पोप को कैसे गठिया हो गया?

तब पादरी चौंका, अब बहुत देर हो चुकी थी।

भय से तुम लोगों को डरवा कर कुछ बदल सके नहीं। भय की तो प्रक्रिया व्यर्थ गई है। और जब तुम बहुत बार भय देते हो और आदमी डरता ही नहीं और पीये चला जाता है, तो उसकी भय के प्रति जो संवेदनशीलता है वह भी क्षीण हो जाती है। लाभ की जगह हानि हो जाती है। हानि हो जाती है। वह डरता ही नहीं फिर। वह कहता है: अब जो होगा, देखा जाएगा।

मैं तुमसे कहता हूं: सिगरेट अगर पीते हो तो ध्यानपूर्वक पीयो। यह और ही बात कह रहा हूं। मैं तुमसे कह रहा हूं: जब तुम सिगरेट अपने खीसे से निकालो, पाकेट सिगरेट का निकालो, तो जल्दी मत निकालना जैसे तुम रोज निकालते हो। जल्दी क्या? धीरे से निकालना। [illegible] शुरू हो जाएगी। बिलकुल धीरे से निकालना। इतने आहिस्ता जैसे कोई जल्दी नहीं, अनंत काल पड़ा है, जल्दी क्या है? बिलकुल आहिस्ता-आहिस्ता निकालना। जितने धीरे निकाल सको उतने धीरे निकालना। जब सिगरेट ही पीने जा रहे हैं तो जरा ढंग से पीयो, थोड़ी शालीनता से पीयो। यह क्या चोरी-चपाटी कि जल्दी से निकाला और किसी तरह धुआं अंदर-बाहर फेंका, फेंकी सिगरेट, पश्चात्ताप भी किए जा रहे हैं कि नहीं पीना चाहिए, यह बहुत बुरा हो रहा है, कि श्रीचंद, भूल हो रही है। थोड़ी संस्कार से पीयो! थोड़ी शालीनता, थोड़ा प्रसाद! सिगरेट का डब्बा हाथ में लो, फिर सिगरेट को बाहर निकालो, फिर ठीक से सिगरेट को डब्बे पर ठोंको, बजाओ। फिर आहिस्ता से मुंह में रखो। फिर माचिस निकालो। फिर माचिस जलाओ। आहिस्ता से, जैसे कि पूजा...धीमे से कोई पूजा का दीप जलाता है, ऐसे सिगरेट को जलाओ। भयभीत क्या हो? इतने डरे क्या हो? पश्चात्ताप क्या है? तुम्हें प्रीतिकर लग रहा है, तुम्हारा जीवन है, तुम अपने मालिक हो। तुम

किसी की कोई हानि नहीं कर रहे हो। और अगर तुम अपनी हानि भी करना चाहते हो तो तुम उसके भी हकदार हो।

लेकिन इसको एक कलात्मकता दो। और तुम चकित हो जाओगे, तुम्हें पहली दफा पाप नहीं मालूम पड़ेगा, मूर्खता दिखायी पड़ेगी। और वहीं भेद है। पाप नहीं, पाप से तो कोई छुटकारा हुआ नहीं। पाप है, ऐसा तो कहते-कहते सदियां बीत गईं। किस पाप से आदमी को छुड़ा पाए हो? मैं नहीं कहता सिगरेट पीना पाप है; यद्यपि मैं जरूर कहता हूं, मूढ़ता है। पाप क्या है? पर मूढ़ता निश्चित है। बस मूढ़ता तुम्हें दिखाई पड़ने लगे...और जितने धीमे-धीमे इस प्रक्रिया को करोगे उतनी स्पष्टता से मूढ़ता दिखाई पड़ेगी। इसका वैज्ञानिक कारण है।

जिस काम को भी हम करने के आदी हो गए हैं, वह काम यंत्रवत हो जाता है; मशीन की तरह कर लेते हैं। अगर तुम उस प्रक्रिया को शिथिल कर दो तो तुम अचानक पाओगे कि तुम उसी काम को होशपूर्वक कर रहे हो, यंत्रवत नहीं। तुम एक खास चाल से चलते हो। बौद्ध ध्यानशालाओं में वे तुम्हारी चाल बदल देते हैं। वे कहते हैं: इसको आधा कर दो, चाल को। होशपूर्वक धीमे चलो। छोटे-छोटे कदम रखो।

तुम चकित होओगे, जब भी तुम्हारा होश खो जाएगा, तुम फिर कदम जोर से रख दोगे, जो तुम्हारी आदत है। अगर होश रखना है तो कदम धीमे रखना पड़ेगा; अगर कदम धीमे रखना है तो होश रखना पड़ेगा। अगर होश खोकर चलना है तो फिर पुरानी आदत पर्याप्त होगी। किसी भी प्रक्रिया को, अगर तुम उसकी गति धीमी कर दो तो उसके साथ होश जुड़ जाता है। भोजन भी अगर आहिस्ता करो, बहुत आहिस्ता, अड़तालीस बार चबाओ हर कौर को, तो तुम चकित हो जाओगे कि कितना होशपूर्वक तुम कर रहे हो! क्योंकि हिसाब रखना है, अड़तालीस बार चबाना है, ऐसे ही लीलते नहीं चले जाना है।

मैं तुमसे कहता हूं कि ज्यादा भोजन मत करो। मैं कहता हूं अड़तालीस बार चबाओ और होशपूर्वक धीमे-धीमे भोजन करो। अपने-आप भोजन की मात्रा एक तिहाई हो जाएगी। उतनी ही हो जाएगी जितनी जरूरी है, और ज्यादा तृप्त करेगी, ज्यादा परितृप्त करेगी। क्योंकि उसका रस फैलेगा, ठीक पचेगा। ऐसी ही किसी भी प्रक्रिया को धीमा करो। अगर वह सार्थक प्रक्रिया है तो टूटेगी नहीं। अगर व्यर्थ प्रक्रिया है, अपने-आप टूट जाएगी, क्योंकि मूढ़ता स्पष्ट हो जाएगी। पाप को छोड़ना पड़ता है, मूढ़ता को छोड़ना नहीं पड़ता; जानना ही पड़ता है, मूढ़ता छूट जाती है।

इसी तरह श्री चंद, तुम्हें जो-जो भूलें दिखायी पड़ती हों, आदर्शों के कारण नहीं, अपने जीवन अनुभव से तुम्हें भूलें दिखायी पड़ती हों...।

आदर्शों को हटा दो, नब्बे प्रतिशत भूलें तो विदा हो गईं उसी वक्त, जैसे आदर्श हटा दिए। फिर दस प्रतिशत भूलें बचीं। इन दस प्रतिशत के प्रति सजग हो जाओ, जागरूक हो जाओ। इनको यांत्रिकता से मुक्त कर दो। और तुम हैरान हो जाओगे, इनमें जो-जो मूढ़तापूर्ण हैं, वे छूट जाएंगी। और जो-जो मूढ़तापूर्ण नहीं हैं, उन्हें छोड़ने की कोई जरूरत भी नहीं है; वे भूलें ही नहीं हैं।

पांचवां प्रश्न : मैं ध्यान में प्रकाश का अनुभव करता हूं, शांति भी अनुभव होती है, आनंद भी। भगवान! क्या यही समाधि की अवस्था है?

इतनी जल्दी नहीं। समाधि की पहली झलक कहो। पहली गंध का झोंका आया। बसंत का पहला फूल खिला, ऐसा कहो। मगर बसंत का पहला फूल खिल जाना ही बसंत का आ जाना नहीं है। आ रहा बसंत। आता होगा। पहले पाहुन आ गए। लेकिन इसको ही सब मत मान लेना, अन्यथा अटक जाओगे, रुक जाओगे। अभी बहुत होने को है।

और अंतिम बात तो तब समझना हो गई, जब कोई अनुभव शेष न रहे, प्रकाश का अनुभव भी शेष न रहे, शांति का अनुभव भी शेष न रहे, आनंद का अनुभव भी शेष न रहे। तुम चौंकोगे थोड़ा।

अभी तुमने दुख जाना है, इससे विपरीत सुख का अनुभव; चित्त में थोड़ी-सी ध्यान की अवस्था गहरी होगी तो दुख की जगह सुख आएगा। फिर दुख-सुख दोनों चले जाएंगे। द्वंद्व गया। फिर आनंद की पुलक आएगी। लेकिन आनंद की पुलक भी इसलिए आनंद मालूम हो रही है कि इसे पहले जाना नहीं था; नई है, इसलिए मालूम हो रही है। जब तुम इसमें परिपक्व हो जाओगे तो आनंद का भी पता नहीं चलेगा।

ऐसा समझो कि तुम बीमार थे, फिर तुम स्वस्थ होते हो, तो बीमारी के बाद जब तुम स्वस्थ होते हो तो कुछ दिन तक स्वास्थ्य का पता चलता है; बीमारी के कारण पता चलता है। बीमार रहे, विपरीत को जाना, फिर स्वस्थ हुए, तो स्वास्थ्य का ठीक-ठीक बोध होता है। जैसे किसी ने काले तख्ते पर सफेद खड़िया से लकीर खींच दी, ऐसी बीमारी की पृष्ठभूमि में स्वास्थ्य का अनुभव हुआ। फिर तुम स्वस्थ ही रहे, धीरे-धीरे बीमारी भूल गई, स्वास्थ्य भी भूल जाएगा।

स्वास्थ्य की परिभाषा यही है कि जिसका पता न चले। पता तो बीमारी का चलता है, सिरदर्द होता है तो पता चलता है। सिर में दर्द न हो तो पता चलता है? तुम कहते फिरते हो लोगों से कि भई सुनो आज सिर में दर्द नहीं है? आज पता चल रहा है कि सिर में दर्द नहीं है! सिर में दर्द नहीं है, इसका कभी पता चलता है? दर्द होता है तो पता चलता है। वेदना का ही ज्ञान होता है। इसलिए तो उसको वेदना कहते हैं। वेदना के दो अर्थ होते हैं: पीड़ा और ज्ञान। उसी से बना है 'वेदना' शब्द, जिससे 'वेद', विद—जानना। पीड़ा का ही ज्ञान होता है। पैर में कांटा चुभता है तो पता चलता है; कांटा नहीं चुभता तो न तो पैर का पता चलता; और यह तो पता कैसे चलेगा कि कांटा नहीं चुभा है? अभाव का तो कोई पता नहीं होता।

तो पहले दुख जाएगा, सुख की प्रतीति होगी। फिर सुख-दुख दोनों का द्वंद्व गया, आनंद की झलक आएगी। जन्मों-जन्मों से नहीं जाना है। खूब गहन होकर पता चलेगा। एकदम घनघोर वर्षा हो जाएगी। लेकिन फिर उसी में पक जाओगे। फिर वही स्वभाव हो जाएगा। फिर उसका भी पता न चलेगा। जब आनंद का भी पता न चले तब जानना कि आ गए घर। अंधेरे में रहे हो तो जब प्रकाश पहली दफा मालूम होगा तो पता चलेगा।

फिर जब प्रकाश में ही रहते-रहते प्रकाश के साथ आत्मसात हो जाओगे, एक हो जाओगे, फिर किसको पता चलेगा प्रकाश का? फिर प्रकाश का भी कोई पता नहीं चलेगा।

अंतिम अनुभव में सब अनुभव लीन हो जाते हैं, कोई अनुभव नहीं होता। सिर्फ एक बोध मात्र होता है। बोध का दीया भर जलता होता है।

पर जो हो रहा है, अच्छा है, शुभ है। ध्यान में प्रकाश दिखायी पड़े, अच्छे लक्षण हैं। शुभ लक्षण हैं। शांति अनुभव हो, आनंद...तो समझना कि वसंत करीब है!

पीतांबर लहराता आया मधुमास!
सुरभित केश झुमाता आया मधुमास!

मेघहीन अंबर में नीलम का हास,
निर्मल सरित-सरोवर, मंथर वातास!
रह-रह झूम रहे हैं सरसों के खेत,
मंद-मंद मुसकाता आया मधुमास!
पीतांबर लहराता आया मधुमास!

हरे-हरे पत्तों से बोझिल हर डाल,
लाल हुए लज्जा से कलियों के गाल!
भौंरों की गुंजारें, कोयल की टेर
रंग-अबीर उड़ाता आया मधुमास!
पीतांबर लहराता आया मधुमास!

पहन कल्पना आई वासंती चीर,
पाटल के सुमनों-सा सुकुमार शरीर!
तरुण-अरुण नयनों में काजल की रेख
मृदुल करतलों पर हैं मेंहदी के लेख!
केशों में मदमाती चंपा की गंध,
छमक रही पगपायल, गजगति मृदु मंद
नगर-नगर झनकाता वीणा के तार—
कवि के स्वर में गाता आया मधुमास!
पीतांबर लहराता आया मधुमास!

शुरुआत हो गई। पहली झलक मिली। पहली बार झरोखा खुला, एक किरण उतरी। मगर किरण को सूरज न समझ लेना। अभी बहुत यात्रा है शेष। इतने को ही मानकर रुक मत जाना। ऐसा इसलिए कहता हूं, क्योंकि बहुत रुक जाते हैं। किसी को थोड़ी-सी

कुंडलिनी शक्ति का जागरण अनुभव हुआ कि रुक गया, कि उसने सोचा हो गए सिद्ध। किसी को थोड़ा भीतर प्रकाश का अनुभव हुआ, कि रुक गया, कि मान लिया आ गई समाधि। ये तो मील के पत्थर हैं। इन मील के पत्थरों को छाती से लगाकर मत बैठ जाना। अभी मंजिल दूर है। और मील के पत्थर बुरे नहीं है, शुभ हैं, क्योंकि खबर देते हैं कि थोड़ी यात्रा हो गई, कुछ मील चल आये। मील के पत्थर शुभ संकेत हैं—मंजिल करीब आती जाती है, इस बात के।

लेकिन मन बड़ा चालबाज है, और अहंकार हर कहीं अटका लेता। छोटी-सी बात हो जाए, उसको बड़ा तूल दे देता। तिल को हम ताड़ बना लेते हैं।

हर चितवन को प्यार न समझो!
हर लहरी को ज्वार न समझो!

जीवन की साधें अगणित हैं
सांसों की झोली सीमित है,
पथ चलते जो भी मिल जाये—
तुम उसको उपहार न समझो!
हर चितवन को प्यार न समझो!

भौंरों से आराधन सीखो,
कोयल से स्वर-साधन सीखो;
यदि दो फूल खिले बगिया में—
तो आ गई बहार न समझो!
हर चितवन को प्यार न समझो!

जीवन भर भटकाने वाली—
प्यास कहां है आंखों वाली?
जो कुछ प्याले में ढलता है
तुम उसको रसधार न समझो!
हर चितवन को प्यार न समझो!

अलकों की छाया मोहक है,
नयनों की माया मादक है;
दो दिन के मीठे परिचय को
सपनों का आधार न समझो!
हर चितवन को प्यार न समझो!

जीवन भर मृग-से भटकोगे,
बालू पर माथा पटकोगे;
मृगजल की चंचल लहरों को
छवि का पारावार न समझो!
हर चितवन को प्यार न समझो!

दीपक राग नहीं बन पाये,
आग न जीवन में लग जाये!
वीणा पर जो कुछ बजता है—
उसको मेघ-मल्हार न समझो!
हर चितवन को प्यार न समझो!

वीणा पर और बहुत कुछ भी बजता है। हर बजने वाली चीज मेघ-मल्हार नहीं। जीवन में जैसे बाहर बहुत अनुभव होते हैं, ऐसे ही भीतर भी बहुत अनुभव होते हैं। इतने ही अनुभव भीतर हो सकते हैं जितने बाहर हुए हैं, क्योंकि इतना ही बड़ा विराट अस्तित्व भीतर फैला है जितना बाहर। जितना बड़ा आकाश बाहर है उतना ही बड़ा आकाश भीतर है।

बहुत अनुभव होंगे और बड़े मादक अनुभव होंगे! और ऐसे चित्ताकर्षक अनुभव होंगे कि लगेगा: अब और इससे ज्यादा क्या हो सकता है! जब पहली दफा प्रकाश झर-झर हो उठता, तो प्राण ऐसे तृप्त हो जाते कि यह मानने का सवाल ही नहीं उठता कि इससे आगे भी कुछ और हो सकता है। जन्मों-जन्मों से अंधेरे से ही आंखें भरी रहीं, प्रकाश की यह थोड़ी-सी झलक अपूर्व रूप से तृप्ति देती है। मगर यहीं गुरु चेताता है, चेताता रहता है कि और चले चलो, और चले चलो।

एक सूफी कहानी है। एक फकीर एक वृक्ष के नीचे ध्यान करता है। रोज एक लकड़हारे को लकड़ी काटते ले जाते देखता है। एक दिन उससे कहा कि सुन भाई, दिन-भर लकड़ी काटता है, दो जून रोटी भी नहीं जुट पाती। तू जरा आगे क्यों नहीं जाता? वहां आगे चंदन का जंगल है। एक दिन काट लेगा, सात दिन के खाने के लिए काफी हो जाएगा।

गरीब लकड़हारे को भरोसा तो नहीं आया, क्योंकि वह तो सोचता था कि जंगल को जितना वह जानता है और कौन जानता है! जंगल में ही तो जिंदगी बीती। लकड़ियां काटते ही तो जिंदगी बीती। यह फकीर यहां बैठा रहता है वृक्ष के नीचे, इसको क्या खाक पता होगा? मानने का मन तो न हुआ, लेकिन फिर सोचा कि हर्ज क्या है, कौन जाने ठीक ही कहता हो! फिर झूठ कहेगा भी क्यों? शांत आदमी मालूम पड़ता है, मस्त आदमी मालूम पड़ता है। कभी बोला भी नहीं इसके पहले। एक बार प्रयोग करके देख लेना जरूरी है।

तो गया। लौटा फकीर के चरणों में सिर रखा और कहा कि मुझे क्षमा करना, मेरे मन में बड़ा संदेह आया था, क्योंकि मैं तो सोचता था कि मुझसे ज्यादा लकड़ियां कौन जानता है। मगर मुझे चंदन की पहचान ही न थी। मेरा बाप भी लकड़हारा था, उसका बाप

भी लकड़हारा था। हम यही काटने की, जलाऊ-लकड़ियां काटते-काटते जिंदगी बिताते रहे, हमें चंदन का पता भी क्या, चंदन की पहचान क्या! .हमें तो चंदन मिल भी जाता तो भी हम काटकर बेच आते उसे बाजार में ऐसे ही। तुमने पहचान बताई, तुमने गंध जतलाई, तुमने परख दी। जरूर जंगल है। मैं भी कैसा अभागा! काश, पहले पता चल जाता!

फकीर ने कहा : कोई फिक्र न करो, जब पता चला तभी जल्दी है। जब घर आ गए तभी सबेरा है।

दिन बड़े मजे में कटने लगे। एक दिन काट लेता, सात-आठ दिन, दस दिन जंगल आने की जरूरत ही न रहती। एक दिन फकीर ने कहा : मेरे भाई, मैं सोचता था कि तुम्हें कुछ अक्ल आएगी। जिंदगी-भर तुम लकड़ियां काटते रहे, आगे न गए; तुम्हें कभी यह सवाल नहीं उठा कि इस चंदन के आगे भी कुछ हो सकता है? उसने कहा : यह तो मुझे सवाल ही न आया। क्या चंदन के आगे भी कुछ है? उस फकीर ने कहा : चंदन के जरा आगे जाओ तो वहां चांदी की खदान है। लकड़ियां-वकड़ियां काटना छोड़ो। एक दिन ले आओगे, दो-चार छः महीने के लिए हो गया।

अब तो भरोसा आया था। भागा। संदेह भी न उठाया। चांदी पर हाथ लग गए, तो कहना ही क्या! चांदी ही चांदी थी! चार-छः महीने नदारद हो जाता। एक दिन आ जाता, फिर नदारद हो जाता। लेकिन आदमी का मन ऐसा मूढ़ है कि फिर भी उसे खयाल न आया कि और आगे कुछ हो सकता है। फकीर ने एक दिन कहा कि तुम कभी जागोगे कि नहीं, कि मुझी को तुम्हें जगाना पड़ेगा। आगे सोने की खदान है मूर्ख! तुझे खुद अपनी तरफ से सवाल, जिज्ञासा, मुमुक्षा कुछ नहीं उठती कि जरा और आगे देख लूं? अब छह महीने मस्त पड़ा रहता है, घर में कुछ काम भी नहीं है, फुरसत है। जरा जंगल में आगे देखकर देखूं, यह खयाल में नहीं आता?

उसने कहा कि मैं भी मंदभागी, मुझे यह खयाल ही न आया, मैं तो समझा चांदी, बस आखिरी बात हो गई, अब और क्या होगा? गरीब ने सोना तो कभी देखा न था, सुना था। फकीर ने कहा : थोड़ा और आगे सोने की खदान है। और ऐसे कहानी चलती है। फिर और आगे हीरों की खदान है। और ऐसे कहानी चलती है। और एक दिन फकीर ने कहा कि नासमझ, अब तू हीरों पर ही रुक गया? अब तो उस लकड़हारे को भी बड़ी अकड़ आ गई, बड़ा धनी भी हो गया था, महल खड़े कर लिए थे। उसने कहा : अब छोड़ो, अब तुम मुझे परेशान न करो। अब हीरों के आगे क्या हो सकता है?

उस फकीर ने कहा : हीरों के आगे मैं हूं। तुझे यह कभी खयाल नहीं आया कि यह आदमी मस्त यहां बैठा है, जिसे पता है हीरों की खदान का, वह हीरे नहीं भर रहा है, इसको जरूर कुछ और आगे मिल गया होगा! हीरों से भी आगे इसके पास कुछ होगा, तुझे कभी यह सवाल नहीं उठा?

रोने लगा वह आदमी। सिर पटक दिया चरणों पर। कहा कि मैं कैसा मूढ़ हूं, मुझे यह सवाल ही नहीं आता। तुम जब बताते हो, तब मुझे याद आता है। यह तो मेरे जन्मों-जन्मों में नहीं आ सकता था खयाल कि तुम्हारे पास हीरों से भी बड़ा कोई धन है।

फकीर ने कहा: उसी धन का नाम ध्यान है। अब खूब तेरे पास धन है, अब धन की कोई जरूरत नहीं। अब जरा अपने भीतर की खदान खोद, जो सबसे आगे है।

यही मैं तुमसे कहता हूं: और आगे, और आगे। चलते ही जाना है। उस समय तक मत रुकना जब तक कि सारे अनुभव शांत न हो जाएं। परमात्मा का अनुभव भी जब तक होता रहे, समझना दुई मौजूद है, द्वैत मौजूद है, देखनेवाला और दृश्य मौजूद है। जब वह अनुभव भी चला जाता है तब निर्विकल्प समाधि। तब सिर्फ दृश्य नहीं बचा, न द्रष्टा बचा, कोई भी नहीं बचा। एक सन्नाटा है, एक शून्य है। और उस शून्य में जलता है बोध का दीया। बस बोधमात्र, चिन्मात्र! वही परम है। वही परम-दशा है, वही समाधि है।

छठवां प्रश्न: मैं परमात्मा से मांगूं तो क्या मांगूं?

कुछ भी मांगोगे तो भूल हो जाएगी। न मांगो तो सबसे अच्छा। न मांगो तो श्रेष्ठतम। बिन मांगे मोती मिलें, मांगे मिले न चून। परमात्मा के द्वार पर भिखारी होकर क्यों जाओ? भिखारी होकर जाओगे तो वही मिलेगा जो मांगते हो। और कई बार बड़ी भूल हो जाती है, क्योंकि तुम मांगोगे भी तो वही जो तुम्हारी बुद्धि में समाता है। तुम मांगोगे भी क्षुद्र। जरा सोचो, क्या मांगोगे? तुम वह तो मांग ही न सकोगे जो मांगना चाहिए, क्योंकि उसकी तो तुम्हें याद ही न आएगी। उसका तुम्हें कोई स्वाद ही नहीं है। और तब पछताओगे बहुत।

मैंने सुना, एक बहुत समृद्ध महिला अपने चिकित्सक के पास गई। बीमारी उसकी ठीक हो गई थी, चिकित्सक को उसकी फीस चुकाने गई थी। तो उसने एक बहुमूल्य रत्नजटित झोले में कुछ रखकर चिकित्सक को भेंट किया। चिकित्सक ने कहा कि यह तो ठीक है, लेकिन मेरी फीस का क्या?

न तो चिकित्सक समझ सका कि रत्नजटित है, उसने तो समझा कि है बस कांच। कौन रत्नजटित झोले देता है भेंट! और यह महिला सस्ते में निकली जा रही है। उसने हिसाब लगा रखा था, कम-से-कम तीन सौ रुपये उसकी फीस थी। और यह झोला देकर ही बची जा रही है। तो उसने कहा कि झोला तो ठीक है, तुम्हारे प्रेम का उपहार स्वीकार करता हूं, लेकिन मेरी फीस का क्या? उस महिला ने पूछा: तुम्हारी फीस कितनी है? तो ज्यादा से ज्यादा जो वह बता सकता था, उसने कहा, तीन सौ रुपया।

उस महिला ने झोला खोला, उसमें कम-से-कम दस हजार के नोट थे, तीन सौ रुपये निकाल कर चिकित्सक को दे दिए, बाकी रुपये और झोला लेकर वह वापिस चली गई। अब उस चिकित्सक पर क्या गुजरी होगी, तुम सोचते हो! उस दिन के बाद बीमार ही हो गया होगा। उस दिन के बाद फिर उसकी चिकित्सा मुश्किल हो गई होगी। कितना न पछताया होगा! दस हजार रुपये लेकर आयी थी महिला देने और यह तो उसे बाद में पता चला मित्रों से कि वे कांच के टुकड़े न थे, हीरे-जवाहरात थे। मगर उसने सोचा था कि तीन सौ बहुत बड़ी-से-बड़ी फीस।

तुम मांगोगे भी तो क्या मांगोगे? तुम्हारी बड़ी से बड़ी मांग भी बड़ी छोटी-से-छोटी होगी, खयाल रखना। इसलिए न मांगो तो अच्छा। वह जो दे, अहोभाव से स्वीकार कर लेना। फायदे में रहोगे। मांगोगे, नुकसान में पड़ोगे। और दुर्भाग्य ऐसा है कि शायद तुम्हें कभी पता भी नहीं चलेगा कि तुम्हें क्या मिल सकता था और क्या मांगकर तुम लौट आए! क्या पा सकते थे, पता भी न चलेगा। उस चिकित्सक को तो खैर पता भी चल गया, तो दुबारा ऐसी भूल न करेगा। मगर तुम्हें पता भी न चलेगा। कौन तुम्हें बताएगा?

पहली बात खयाल रखो: प्रार्थना मांग नहीं बननी चाहिए। यद्यपि हमारी मूढ़ता के कारण प्रार्थना शब्द का अर्थ ही मांगना हो गया है। मांगनेवाले को हम प्रार्थी कहते हैं। क्योंकि हमने प्रार्थना को मांग ही मांग से भर दिया है। हम प्रार्थना ही तब करते हैं, जब हमें कुछ मांगना होता है।

प्रार्थना में मांगो मत। दे सको तो दो। अपने को दे सको तो दो। अपने को उंडेल सको तो उंडेलो। मांगो मत। कठिनाई होगी बहुत, क्योंकि भिखमंगापन हमारे प्राणों का आधार बन गया है। जनम-जनम मांगा है। भिखमंगे तो मांगते ही हैं, सम्राट भी मांगते हैं और भिक्षमंगे हैं। मांग ही मांग चल रही है।

लेकिन अगर असंभव ही हो और बिना मांगे रह ही न सको, तो फिर कुछ ऐसा मांगना जैसे कोई प्रेमी अपनी प्रेयसी से मांगता है, या कोई प्रेयसी अपने प्रेमी से मांगती है। क्या मांगती है? प्रेमी अपनी प्रेयसी से क्या मांगता है? प्रेम ही मांगता है। अगर परमात्मा से बिना मांगे न रह सको तो प्रेम मांगना। उसी को मांग लेना।

मालिक मिल गया तो सब मिल गया। वह मिल गया तो सब मिल गया, उसका सब मिल गया। छोटी-छोटी चीजें क्या मांगना? उस एक को ही मांग लेना। और जब कोई प्रेमी अपनी प्रेयसी से कुछ मांगता है, तो मांग नहीं होती वह; उस मांग में भी स्तुति होती है, प्रशंसा होती है।

तेरी पेशानिए-रंगीं में झलकती है जो आग
तेरे रुखसार के फूलों में दमकती है जो आग
तेरे सीने में जवानी की दहकती है जो आग
जिंदगी की यह हसीं आग मुझे भी दे-दे

तेरी आंखों में फरोजां हैं जवानी के शरार
लबे-गुलरंग पै रक्सां हैं जवानी के शरार
तेरी हर सांस में गलतां हैं जवानी के शरार
जिंदगी की यह हसीं आग मुझे भी दे-दे

हर अदा में यह जवां आतिशे-जज़्बात की रौ
यह मचलते हुए शोले, यह तड़पती हुई लौ

आ मेरी रूह पै भी डाल दे अपना परतौ
जिंदगी की यह हसीं आग मुझे भी दे-दे

कितनी महरूम निगाहें हैं, तुझे क्या मालूम
कितनी तरसी हुई बांहें हैं, तुझे क्या मालूम
कैसी धुंधली मेरी राहें हैं, तुझे क्या मालूम
जिंदगी की यह हसीं आग मुझे भी दे-दे

आ कि जुल्मत में कोई नूर का सामां कर लूं
अपने तारीक शबिस्तां को शबिस्तां कर लूं
इस अंधेरे में कोई शमअ फरोजां कर लूं
जिंदगी की यह हसीं आग मुझे भी दे-दे

बारे-जुल्मात से सीने की फजा है बोझिल
न कोई साज़े-तमन्ना, न कोई सोज़े-अमल
आ कि मशअल से तेरी मैं भी जला लूं मशअल
जिंदगी की यह हसीं आग मुझे भी दे-दे

प्रेमी प्रेयसी से मांग रहा है :

तेरी पेशानिए-रंगीं में झलकती है जो आग!

तेरे मस्तिष्क पर जो रोशनी है, आभा है, जो आग है।

तेरे रुखसार के फूलों में दमकती है जो आग!

तेरे कपोलों के फूलों में वह जो रोशनी है, वह जो दीप्ति है!

तेरे सीने में जवानी की दहकती है जो आग!

वह जो तेरे प्राणों में बहता हुआ यौवन है, बहता हुआ जीवन है।

जिंदगी की यह हसीं आग मुझे भी दे-दे!

यह सुंदर आग थोड़ी-सी मुझे भी दे-दे।

तेरी आंखों में फरोजां हैं जवानी के शरार!

तेरी आंखों में स्फुल्लिग की तरह यौवन की दमक है, चमक है, अंगारे हैं।

लबे-गुलरंग पै रक्सा हैं जवानी के शरार!

तेरे ओंठों पर नृत्य हो रहा है यौवन का।

तेरी हर सांस में गलतां हैं जवानी के शरार।

और तेरी हर सांस जवानी की, यौवन की आंख से भरी है।

जिंदगी की यह हसीं आग मुझे भी दे-दे!

यह सुंदर आग, यह थोड़ी-सी लपट, यह थोड़ा जीवन मुझे भी दे-दे।

हर अदा में यह जवां आतिशे-जज्बात की रौ।
यह मचलते हुए शोले, यह तड़पती हुई लौ
आ मेरी रूह पै भी डाल दे अपना परतौ

थोड़ी-सी छाया भर मेरी आत्मा पर भी डाल दे।

आ मेरी रूह पै भी डाल दे अपना परतौ!
जिंदगी की यह हसीं आग मुझे भी दे-दे।
कितनी महरूम निगाहें हैं, तुझे क्या मालूम !

मैं कितना अतृप्त हूं, मेरी आंखें कितनी प्यासी हैं!

कितनी महरूम निगाहें हैं, तुझे क्या मालूम!
कितनी तरसी हुई बांहें हैं, तुझे क्या मालूम!

आ, मेरे आलिंगन में आ जा!

कितनी महरूम निगाहें हैं, तुझे क्या मालूम!
कितनी तरसी हुई बांहें हैं, तुझे क्या मालूम!
कैसी धुंधली मेरी राहें हैं, तुझे क्या मालूम!
जिंदगी की यह हसीं आग मुझे भी दे-दे।

थोड़ा-सा प्रसाद मुझे भी मिल जाए कि मेरे अंधेरे रास्ते पर थोड़ी रोशनी हो जाए। मेरी खाली बांहें भर जाएं। मेरी आंखों की प्यास बुझ जाए।

आ कि जुल्मत में कोई नूर का सामां कर लूं

आ जा! कि मैं अंधेरे में थोड़ा प्रकाश का इंतजाम कर लूं।

आ कि जुल्मत में कोई नूर का सामां कर लूं
अपने तारीक शबिस्तां को शबिस्तां कर लूं

इस उजड़े हुए घर को बसा लूं। इस खाली घर को बसा लूं।

इस अंधेरे में कोई शमअ फरोजां कर लूं।

यह बहुत अंधेरा है। यहां बहुत अंधेरा है। एक शमा जल जाए।

जिंदगी की यह हसीं आग मुझे भी दे-दे।
बारे-जुल्मात से सीने की फजा है बोझिल।

अंधकार से दबा जाता हूं, अंधकार से बोझिल हूं, अंधकार की अधिकता से बोझिल हूं।

बारे-जुल्मात से सीने की फजा है बोझिल।
न कोई साज़े-तमन्ना, न कोई सोज़े-अमल

न तो कोई अभिलाषा बची, न कोई आकांक्षा बची, न कोई जिंदगी में रस बहता मालूम होता है।

आ कि मशअल से तेरी मैं भी जला लूं मशअल।

तेरी मशाल को मेरे करीब ले आ, ताकि मेरी बुझी मशाल फिर से जल जाए।

जिंदगी की यह हसीं आग मुझे भी दे-दे।

अगर मांगना ही हो...पहले तो कहता हूं मांगो न तो अच्छा। अगर बिना मांगे रह

ही न सको तो उसी तरह मांगना जैसे प्रेमी प्रेयसी से मांगता है। उसकी मांग में भी प्रेयसी की सिर्फ प्रशंसा का गीत है। मांग उसकी मांग नहीं है; मांग उसकी स्तुति है। मांग उसकी सच में ही प्रार्थना है।

तुम्हारी प्रार्थना भी मांग होती है। और प्रेमी की मांग भी प्रार्थना होती है। मांग सको तो घटना घटती है—मगर ठीक से मांग सको तो! ठीक-ठीक मांग सको तो! जरा से में चूक हो जाती है। न मांगो तो सुनिश्चित घटना घटती है; चूक हो ही नहीं सकती।

जिसने मांगा ही नहीं है, उससे भूल कैसे होगी? वह तो सिर्फ हृदय खोलकर जो भी घटे उसे लेने को राजी है। जो भी पात्र में गिर जाए! मिले तो प्रसन्न है, न मिले तो प्रसन्न है। न मिले तो भी वह जानता है कि अभी ऐसी घड़ी होगी कि नहीं मुझे मिलना चाहिए, इसी में मेरा हित होगा, इसलिए नहीं मिला है। वह हर हाल राजी है।

और या फिर प्रेमी की तरह मांगो। मगर उसमें कभी भूल हो सकती है; उसमें बड़ी सावधानी बरतनी पड़ेगी। या तो शून्य भाव से बैठो, श्रेष्ठतम; या फिर प्रेम-भाव से बैठो, वह नंबर दो।

चांद-तारों की हसीं छांव में मेरे दिल तक
नूरो-निकहत की कोई मौज बढ़ी आती है
सरसराती हुई फूलों से गुजरती है सबा
तेरी आहट, तेरी आवाज चली आती है

सांस में देर से कलियों की चटक है पैदा
आप इक फूल की मानिंद खिला जाता हूं
हाय यह कैफ, कि मुमकिन ही नहीं तेरे बगैर
दिल धड़कता है तो मदहोश हुआ जाता हूं

अपने बरबत के जरा तार मिला ले ऐ दिल!
उसके आने पै कोई गीत तो गाना होगा
लहजा-लहजा कोई पुर सहर नज़र उठेगी
लमहा-लमहा कोई जादू का फसाना होगा
कैसी नग्मों में मेरी रूह घुटी जाती है
अब तो नज़दीक ही छागल की सदा आती है

काश, तुम शून्य होकर बैठ सको तो उसके पैरों में बंधे हुए घूंघर जल्दी ही तुम्हें सुनायी पड़ने लगें।

कैसी नग्मों में मेरी रूह घुटी जाती है
अब तो नज़दीक ही छागल की सदा आती है

चांद-तारों की हसीं छांव में मेरे दिल तक
नूरो-निकहत की कोई मौज बढ़ी आती है

तूफान आता है—सौंदर्य का, आनंद का। तूफान की तरह आता है परमात्मा। छोटी-छोटी बूंदाबांदी नहीं होती, मूसलाधार वर्षा होती है। मगर तुम शून्य होओ।

चांद-तारों की हसीं छांव में मेरे दिल तक
नूरो-निकहत की कोई मौज बढ़ी आती है
सरसराती हुई फूलों से गुजरती है सबा
तेरी आहट तेरी आवाज चली आती है

और फिर तो वृक्षों से गुजरती हुई हवा में भी उसकी ही आहट मालूम होगी। फिर तो तुम जहां जाओगे, जहां देखोगे, वहीं उसकी पगध्वनि सुनाई पड़ने लगेगी।

सांस में देर से कलियों की चटक है पैदा

और तुम्हारी श्वास-श्वास में कलियां चटकने लगेंगी।

आप इक फूल की मानिंद खिला जाता हूं!

मांगो मत, बिन मांगे बहुत मिलता है और जब परमात्मा बरसेगा, तुम फूल की तरह खिल जाओगे।

सांस में देर से कलियों की चटक है पैदा
आप इक फूल की मानिंद खिला जाता हूं!
हाय यह कैफ..

यह आनंद इतना ज्यादा है, सम्हाले नहीं सम्हलता।

हाय यह कैफ, कि मुमकिन ही नहीं तेरे बगैर।

एक बात निश्चित है कि यह तो इतना आनंद बरस रहा है, तू जरूर ही पास होगा, क्योंकि तेरे बिना यह मुमकिन ही नहीं है।

हाय यह कैफ, कि मुमकिन ही नहीं तेरे बगैर
दिल धड़कता है तो मदहोश हुआ जाता हूं
अपने बरबत के जरा तार मिला ले ऐ दिल!

अपनी वीणा के, अपनी हृदय की वीणा के तार मिलाकर रखो।

अपने बरबत के जरा तार मिला ले ऐ दिल!
उसके आने पै कोई गीत तो गाना होगा
लहजा-लहजा कोई पुर सहर नज़र उठेगी
लमहा-लमहा कोई जादू का फसाना होगा
कैसी नग्मों में मेरी रूह घुटी जाती है
अब तो नज़दीक ही छागल की सदा आती है

आज इतना ही।

ओशो का हिंदी साहित्य

उपनिषद
सर्वसार उपनिषद
कैवल्य उपनिषद
अध्यात्म उपनिषद
कठोपनिषद
ईशावास्य उपनिषद
निर्वाण उपनिषद
आतम-पूजा उपनिषद
केनोपनिषद
मेरा स्वर्णिम भारत (विविध उपनिषद-सूत्र)

कृष्ण
गीता-दर्शन
(आठ भागों में अठारह अध्याय)
कृष्ण-स्मृति

महावीर
महावीर-वाणी (दो भागों में)
जिन-सूत्र (दो भागों में)
महावीर या महाविनाश
महावीर : मेरी दृष्टि में
ज्यों की त्यों धरि दीन्हीं चदरिया

बुद्ध
एस धम्मो सनंतनो (बारह भागों में)

अष्टावक्र
अष्टावक्र महागीता (छह भागों में)

लाओत्से
ताओ उपनिषद (छह भागों में)

कबीर
सुनो भई साधो
कहै कबीर दीवाना
कहै कबीर मैं पूरा पाया
न कानों सुना न आंखों देखा (कबीर व फरीद)

जगजीवन
नाम सुमिर मन बावरे
अरी, मैं तो नाम के रंग छकी

दरिया
कानों सुनी सो झूठ सब
अमी झरत बिगसत कंवल

सुंदरदास
हरि बोलौ हरि बोल
ज्योति से ज्योति जले

माटी कहै कुम्हार सूं
मैं धार्मिकता सिखाता हूं, धर्म नहीं

झेन, सूफी और उपनिषद की कहानियां
बिन बाती बिन तेल
सहज समाधि भली
दीया तले अंधेरा

तंत्र
संभोग से समाधि की ओर
तंत्र-सूत्र (पांच भागों में)

योग
पतंजलि: योग-सूत्र (पांच भागों में)
योग: नये आयाम

विचार-पत्र
क्रांति-बीज
पथ के प्रदीप

पत्र-संकलन
अंतर्वीणा
प्रेम की झील में अनुग्रह के फूल
ढाई आखर प्रेम का
पद घुंघरू बांध
प्रेम के फूल
प्रेम के स्वर
पाथेय

बोध-कथा
मिट्टी के दीये

ध्यान, साधना
ध्यानयोग: प्रथम और अंतिम मुक्ति
नेति-नेति
चेति सकै तो चेति
हसिबा, खेलिबा, धरिबा ध्यानम्
समाधि कमल
साक्षी की साधना
धर्म साधना के सूत्र
मैं कौन हूं
समाधि के द्वार पर
अपने माहिं टटोल
ध्यान दर्शन
तृषा गई एक बूंद से
ध्यान के कमल
जीवन संगीत
जो घर बारे आपना
प्रेम दर्शन

साधना-शिविर
साधना-पथ
मैं मृत्यु सिखाता हूं
जिन खोजा तिन पाइयां
समाधि के सप्त द्वार (ब्लावट्स्की)
साधना-सूत्र (मेबिल कॉलिन्स)
ध्यान-सूत्र
जीवन ही है प्रभु
असंभव क्रांति
रोम-रोम रस पीजिए

राष्ट्रीय और सामाजिक समस्याएं
देख कबीरा रोया
स्वर्ण पाखी था जो कभी और अब है भिखारी जगत का
शिक्षा में क्रांति
नये समाज की खोज
नये भारत की खोज
नये भारत का जन्म
नारी और क्रांति
शिक्षा और धर्म
भारत का भविष्य

पलटू
अजहूं चेत गंवार
सपना यह संसार
काहे होत अधीर

धरमदास
जस पनिहार धरे सिर गागर
का सोवै दिन रैन

दादू
सबै सयाने एक मत
पिव पिव लागी प्यास

मलूकदास
कन थोरे कांकर घने
रामदुवारे जो मरे

शांडिल्य
अथातो भक्ति जिज्ञासा (दो भागों में)

अन्य रहस्यदर्शी
भक्ति-सूत्र (नारद)
शिव-सूत्र (शिव)
भजगोविन्दम् मूढ़मते (आदिशंकराचार्य)
एक ओंकार सतनाम (नानक)
जगत तरैया भोर की (दयाबाई)
बिन घन परत फुहार (सहजोबाई)
पद घुंघरू बांध (मीरा)
नहीं सांझ नहीं भोर (चरणदास)
संतो, मगन भया मन मेरा (रज्जब)
कहै वाजिद पुकार (वाजिद)
मरौ हे जोगी मरौ (गोरख)
सहज-योग (सरहपा-तिलोपा)
बिरहिनी मंदिर दियना बार (यारी)
दरिया कहै सब्द निरबाना
(दरियादास बिहारवाले)
प्रेम-रंग-रस ओढ़ चदरिया (दूलन)
हंसा तो मोती चुगैं (लाल)
गुरु-परताप साध की संगति (भीखा)
मन ही पूजा मन ही धूप (रैदास)
झरत दसहुं दिस मोती (गुलाल)
जरथुस्त्रः नाचता-गाता मसीहा (जरथुस्त्र)

प्रश्नोत्तर
नहिं राम बिन ठांव
प्रेम-पंथ ऐसो कठिन
उत्सव आमार जाति, आनंद आमार गोत्र
मृत्योर्मा अमृतं गमय
प्रीतम छवि नैनन बसी
रहिमन धागा प्रेम का
उड़ियो पंख पसार
सुमिरन मेरा हरि करैं
पिय को खोजन मैं चली
साहेब मिल साहेब भये
जो बोलैं तो हरिकथा
बहुरि न ऐसा दांव
ज्यूं था त्यूं ठहराया
ज्यूं मछली बिन नीर
दीपक बारा नाम का
अनहद में बिसराम
लगन महूरत झूठ सब
सहज आसिकी नाहिं
पीवत रामरस लगी खुमारी
रामनाम जान्यो नहीं
सांच सांच सो सांच
आपुई गई हिराय
बहुतेरे हैं घाट
कोंपलें फिर फूट आईं
फिर पत्तों की पांजेब बजी
फिर अमरित की बूंद पड़ी
क्या सोवै तू बावरी
चल हंसा उस देस
कहा कहूं उस देस की
पंथ प्रेम को अटपटो

विविध

अमृत-कण
मैं कहता आंखन देखी
एक एक कदम
जीवन क्रांति के सूत्र
जीवन रहस्य
करुणा और क्रांति
विज्ञान, धर्म और कला
शून्य के पार
प्रभु मंदिर के द्वार पर
तमसो मा ज्योतिर्गमय
प्रेम है द्वार प्रभु का
अंतर की खोज
अमृत की दिशा
अमृत वर्षा
अमृत द्वार
चित चकमक लागे नाहिं
एक नया द्वार
प्रेम गंगा
समुंद समाना बुंद में
सत्य की प्यास
शून्य समाधि
व्यस्त जीवन में ईश्वर की खोज
अज्ञात की ओर
धर्म और आनंद
जीवन-दर्शन
जीवन की खोज
क्या ईश्वर मर गया है
नानक दुखिया सब संसार
नये मनुष्य का धर्म
धर्म की यात्रा
स्वयं की सत्ता
सुख और शांति
अनंत की पुकार

अंतरंग वार्ताएं

संबोधि के क्षण
प्रेम नदी के तीरा
सहज मिले अविनाशी
उपासना के क्षण

ओशो के ऑडियो-वीडियो प्रवचन एवं साहित्य के संबंध में समस्त जानकारी हेतु संपर्क सूत्र :

साधना फाउंडेशन

17, कोरेगांव पार्क, पुणे 411001

फोन : 020-628562 फैक्स : 020-624181

E-mail: distrib@osho.net Website: www.osho.com